Karl-Martin Dietz

Führung: Was kommt danach?

Perspektiven einer Neubewertung von Arbeit und Bildung

Studienhefte des
Interfakultativen Instituts für Entrepreneurship (IEP)
des Karlsruher Instituts für Technologie
Heft 6

Führung: Was kommt danach?

Perspektiven einer Neubewertung von Arbeit und Bildung

von
Karl-Martin Dietz

Impressum

Karlsruher Institut für Technologie (KIT)
KIT Scientific Publishing
Straße am Forum 2
D-76131 Karlsruhe
www.ksp.kit.edu

KIT – Universität des Landes Baden-Württemberg und nationales
Forschungszentrum in der Helmholtz-Gemeinschaft

KIT Scientific Publishing 2011
Print on Demand

ISSN: 1860-9465
ISBN: 978-3-86644-622-9

Inhaltsverzeichnis

Worum es geht

Seit Beginn des 20. Jahrhunderts haben sich gesellschaftliche Tendenzen etabliert, die unser heutiges Leben in hohem Maße prägen. Sie sind zumeist gegenläufig: Optimierung der Arbeitsorganisation gegen zunehmende Arbeitslosigkeit; Massenpsychologie gegen die zunehmende Bedeutung des Einzelnen; die Verarmung vieler Menschen gegenüber dem Reicherwerden weniger; zunehmende Gesundheitsbelastungen trotz ständiger Fortschritte der Medizin. Es gilt, diese Gegenläufigkeiten in ihrem Zusammenhang zu sehen. Sie laufen offensichtlich auf einen gemeinsamen Punkt hinaus, auf eine Neuordnung der gesellschaftlichen Verhältnisse, die auf der inneren Kraft der individuellen Menschen beruht: Wie gehe ich mit mir selbst um? Und: Wie gehen wir miteinander um?

Im Besonderen ist hier zu denken an:

- Arbeit und Führung:
  Nach Körper-orientierter Führung (Taylorismus), der Berücksichtigung seelischer Bedürfnisse (Human Relations) und dem Einbezug der Eigenintelligenz der Mitarbeiter (kooperative Führung) wird der Einzelne inzwischen „ganzheitlich" von der Arbeitswelt in Anspruch genommen. Gleichzeitig wachsen Angst, Frustration und Burn-Out-Syndrome (Depression, Sucht etc.) ständig weiter an.

- Arbeitslosigkeit:
  Von der unumkehrbaren strukturellen Arbeitslosigkeit der letzten Jahrzehnte sind immer mehr Menschen betroffen. Die bisher angewandten Mittel, ihr zu begegnen, tragen jedoch dieser Entwicklung nicht Rechnung. Sie verschlimmern vielmehr die prekären Verhältnisse und vernachlässigen die Menschenwürde.

- Grundeinkommen:
  Beiden Aporien, der Arbeit ebenso wie der Arbeitslosigkeit, trägt die Idee eines bedingungslosen Grundeinkommens Rechnung. Sie bietet nicht nur eine menschenwürdige Alternative zur bisher üblichen Sozialhilfe, sondern regt die Wertschätzung eigenständiger Arbeit an und

überbrückt den gegenwärtig noch existierenden Abgrund zwischen bezahlter und unbezahlter Arbeit. Letztere spielt schon heute eine bedeutende volkswirtschaftliche Rolle, wird aber nicht als „Arbeit" anerkannt. Mit Hilfe des Grundeinkommens kann aus einer „Arbeitsgesellschaft" eine „Tätigkeitsgesellschaft" (DAHRENDORF) werden. Die bislang widersprüchlichen Verhältnisse von Arbeit, Einkommen, Motivation und Sozialstaat werden dadurch auf eine entkrampfte Grundlage gestellt.

- Salutogenese:
  Während eine monokausal eingestellte Gesundheitspolitik mehrmals jährlich neue Absurditäten erzeugt und inzwischen immer wieder ausweglose Diskussionen verursacht, lehren u. a. die Gesichtspunkte der Salutogenese, dass soziale Verhältnisse und geistige Einstellungen des Einzelnen sich unmittelbar auf die Gesundheit auswirken. Diese längst bekannten Tatsachen in die persönlichen Überlegungen ebenso wie in die gesellschaftlichen Handlungsweisen einzubeziehen, ist überfällig.

Dies alles ist zu beurteilen vor dem Hintergrund einer gesellschaftlichen „Individualisierung", die das Leben des Einzelnen im Hinblick auf Originalität und Eigenständigkeit vor neuartige Herausforderungen stellt. Angesichts einer zu bewältigenden radikalen „Autonomie" sieht sich der Einzelne zunehmend mit den Grenzen seiner Fähigkeiten konfrontiert. Diese Grenzen gilt es zu erweitern.

Damit wird „Bildung" zu einer der größten Herausforderungen unserer Zeit. Diese Herausforderung besteht jedoch nicht nur aus methodischen Ansprüchen (lebenslanges Lernen, Kompetenzerwerb usw.). Vielmehr muss sich im Zuge der Autonomie der Einzelne auch die Quellen und Zielrichtungen seiner Bildung selbst erschließen. Dazu gehören beispielsweise Entwicklungswissen (verstehen, was vorgeht), Umgang mit sich selbst und den anderen Menschen (Selbstführung und Dialogische Kultur) und die Fähigkeit, seine Ziele selbst zu suchen und zu verwirklichen (ethischer Individualismus).

Auf den folgenden Seiten werden diese Zusammenhänge etwas genauer dargestellt. Dabei werden einige Gesichtspunkte fortgeführt, die in *Jeder Mensch ein Unternehmer* (2008) bereits angesprochen waren. Sie werden hier auf das Anliegen „Bildung" fokussiert.

Aporien der Führung

Überblickt man die Entwicklung der Führungsprinzipien in den letzten 100 Jahren, so entsteht aus den wohlbekannten Einzelheiten mit ihren signifikanten Unterschieden ein Gesamtzusammenhang, der am Ende eine „Ganzheit" erkennen lässt. Rekapitulieren wir zunächst die einzelnen Schritte:

Um 1900 optimiert FREDERIC W. TAYLOR die Arbeitsabläufe von Schwerarbeitern der Bethlehem-Stahl-Werke (South Bethlehem) durch exakte Vorgaben ihrer Körperbewegungen. Dadurch wird einerseits die Arbeit körperlich leichter und gleichzeitig vervierfacht sich die Leistung (die entladenen Tonnen pro Arbeitsstunde). Taylor veröffentlicht dieses Prinzip und seine Erfahrungen damit im Jahre 1911 unter der Bezeichnung „Wissenschaftliche Betriebsführung" (scientific management). Seine Methode der Zeit-Budget-Erhebung, in der die Dauer einzelner Arbeitsschritte gemessen und in statistischen Vergleichen optimiert wird, tritt ihren Siegeszug, von Amerika ausgehend, bald auch in Europa an. Das Taylorsche Kontrollprinzip und die rationale Planung und Steuerung der Arbeit werden sogar zu Fundamenten der sowjetischen Ideologie. Die perfektionierte Normierung und Standardisierung der Arbeit gipfelt in der Einführung des Fließbands durch HENRY FORD (1913). Dadurch verbilligt sich die fabrikmäßige Produktion und es erhöhen sich die Einkommen, so dass die Arbeiter am Ende das Auto auch selbst kaufen können, das sie produzieren. Hier liegen die Wurzeln des späteren Massenkonsums. Erkauft ist das alles durch eine soziale Isolierung am Arbeitsplatz und eine schmerzlich spürbare Sinn-Entleerung der Arbeit für den Einzelnen infolge der strikten Trennung von Planung und Durchführung.[1] Das organisierte Auseinanderfal-

---

1 FREDERIC W. TAYLOR, *Die Grundsätze wissenschaftlicher Betriebsführung* (1911), Weinheim 1995; KARL-MARTIN DIETZ, *Die Suche nach Wirklichkeit*, Stuttgart 1988, S. 11-21; KARL-MARTIN DIETZ, *Jeder Mensch ein*

len von Erkennen und Handeln führt fortschreitend zu einer Mechanisierung der Arbeit, die sich allerdings entgegen den damaligen Erwartungen langfristig nicht als effizient erweist.[2] Die psychischen Folgen für die Betreffenden sind hingegen gravierend. Man spricht beispielsweise um 1920 in Berlin unter den Arbeitern von „Fordleichen", die zwar viel Geld verdienen, aber rasch „verbraucht" sind. – Dieses Prinzip der Mechanisierung und Stereotypisierung der Arbeitswelt prägt inzwischen über die reine Handarbeit hinaus auch weitere Arbeitsbereiche (Kassiervorgänge im Supermarkt, Call-Center, Bildschirmarbeitsplätze usw.).

Bei späteren Versuchen, den Taylorismus weiter zu entwickeln, wird beiläufig entdeckt, dass die arbeitenden Menschen auch eine Seele haben und man sich diese Tatsache nutzbar machen kann. Die Experimente von GEORGE ELTON MAYO 1927 bei Western Electric in Hawthorne, Illinois, ergeben zum Erstaunen der Versuchsleiter, dass die Produktivität der Arbeiterinnen in der Relais-Montage sich nicht wie erwartet durch Verbesserung der äußeren Bedingungen (Beleuchtung, Ruhepausen etc.) erhöht, wohl aber dadurch, dass man die Betroffenen an den Überlegungen teilnehmen lässt und dass sie sich dadurch als Menschen ernst genommen fühlen. Die Leistungen steigen zwar an, wenn die äußeren Bedingungen verbessert werden – sie nehmen aber auch dann weiter zu, wenn die Verbesserung wieder rückgängig gemacht wird. Man erkennt schließlich, „daß die rein physischen Veränderungen nicht der Schlüssel zu diesem Geheimnis waren. ... Die Forscher kamen zu dem Schluß, daß die Leistung ... gestiegen war, weil man die Arbeiterinnen ... gebeten hatte, sich am Versuch zu beteiligen, und diese Verbundenheit war offensichtlich wichtiger als äußerliche Vorteile."[3] „Offensichtlich waren die Begleiterscheinungen der Studie, die den Be-

---

Unternehmer, Karlsruhe 2008, S. 33ff.; MANFRED FÜLLSACK, *Arbeit*, Wien 2009, S. 97f.

2 JAMES P. WOMACK, DANIEL JONES, DANIEL ROOS, *Die zweite Revolution in der Autoindustrie. Konsequenzen aus der weltweiten Studie aus dem Massachusetts Institute of Technology*, Frankfurt 1991

3 WILLIAM H. WHITE jr., *Herr und Opfer der Organisationen*, Düsseldorf 1958, S. 40

troffenen das Gefühl vermittelten, dass die Arbeit und auch ihre Meinungen ernst genommen würden, entscheidender als die objektiven Experimentalbedingungen."[4]

Seither wissen wir: menschliche Zuwendung steigert die Leistungsbereitschaft. „Der einfache Akt, Menschen wohlwollende Beachtung zu schenken, hat sehr viel mit Produktivität zu tun."[5] Infolge dieser Entdeckung wendet sich die Führungslehre verstärkt Gruppenphänomenen, sozialen Interaktionen, der Arbeitszufriedenheit und kooperativen Führungsstilen zu. Maßnahmen zur Arbeitszufriedenheit gelten nicht mehr nur als humane Zusatzaufgabe, sondern als direkte Investition in die Produktivität.[6] Daraus entstehen in der Folge die Human-Relations-Bewegung und der Siegeszug der „Motivation". Das regelungsorientierte „Harzburger Modell" wurde seit den 1970er Jahren abgelöst durch Grundsätze einer weniger bürokratischen „kooperativen Führung", die Werte wie Vertrauen, Selbstentfaltung und Menschenwürde zur Geltung brachte.[7] Der fortschrittliche Vorgesetzte bemerkte – so ein Sprichwort – spätestens in den 1970er Jahren: Anbrüllen genügt nicht – ich muss meine Leute auch motivieren. Das Thema „Motivation" ist seit der Mitte des 20. Jahrhunderts ins Zentrum der Führungsstrategien gerückt. Ich biete dem Anderen etwas (z. B. Geld oder Prestige), damit er Dinge tut, die er nicht täte, wenn ich ihm das nicht böte. Die Doppelbödigkeit von Motivation und die innere Hohlheit der Motivationstechniken wurden inzwischen ja entlarvt.[8]

Auf die körperliche Leistungssteigerung (Taylorismus) folgt zusätzlich die Instrumentalisierung der seelischen Befindlichkeit. Der kooperative Führungsstil, das Human-Resource-

---

4   GERHARD HESCH, *Das Menschenbild neuer Organisationsformen. Mitarbeiter und Manager im Unternehmen der Zukunft,* Wiesbaden 1997, S. 84

5   THOMAS J. PETERS, ROBERT H. WATERMAN jr., *Auf der Suche nach Spitzenleistungen* [1982], Landsberg 1983

6   MANFRED FÜLLSACK, *Arbeit,* Wien 2009, S. 98f.

7   ROLF WUNDERER, *Führung und Zusammenarbeit,* München 2003[5], S. 219-229, S. 398f.

8   REINHARD SPRENGER, *Mythos Motivation. Wege aus einer Sackgasse,* Frankfurt 2005

Management u. ä. werden jetzt zu den bevorzugten Führungsformen. Sie berücksichtigen, dass Menschen sich als bedeutend und nützlich empfinden wollen, dass sie Zuneigung und Anerkennung benötigen. Das wird im Rahmen der Arbeitsmotivation u. U. wichtiger als Geld. Menschen wollen zu sinnvollen Zielen beitragen und an deren Formulierung mitwirken. – Der Antagonismus zwischen seelischem Einbezug und verödender Mechanisierung der Arbeit scheint dabei jedoch bis heute nicht gelöst.

In der zweiten Hälfte des 20. Jahrhunderts ist nun noch ein dritter Schritt zu beobachten. Neben der körperlichen Leistungssteigerung und der Indienstnahme des Seelischen richtet sich die Aufmerksamkeit zusätzlich auf die geistige Leistungsfähigkeit des Einzelnen. Das kreative Potenzial beispielsweise ist in den meisten Menschen größer als seine gegenwärtige Nutzung durch die Arbeitsverhältnisse, die es oftmals eher behindern. Daher sollen die verborgenen Anlagen und Qualitäten der Mitarbeiter verstärkt beachtet, gefördert und für das Unternehmen genutzt werden.[9] Davon zeugt heute jede Stellenanzeige für Führungskräfte. Was hier dringend gesucht wird, wie z. B. Kreativität, Eigenständigkeit, Urteilsfähigkeit der Mitarbeiter, hätte vor 50 Jahren noch jeden Chef zur Verzweiflung gebracht. Der beanspruchte diese Fähigkeiten bestenfalls für sich selbst. Damit sich die neue Eigenständigkeit der Mitarbeiter jedoch nicht gegen die Unternehmensziele wendet, muss sie zweckrational eingesetzt werden. OSWALD NEUBERGER: „Frei entfaltete Persönlichkeiten sind eine Chance für das Unternehmen, in ihrer Häufung aber mehr noch ein Risiko, das man durch Personal-Entwicklung zu beherrschen sucht." Diese Beherrschung provoziert natürlich Widerstand, also darf sie nicht bemerkbar werden. „Aus der Steuerungsperspektive scheint es ideal, wenn die Leute frei & willig wollen, was sie sollen. Trotz verbergender Rhetorik wird sichtbar, dass sie nicht so sehr frei, als vielmehr willig sein sollen." Der Mensch ist Mittelpunkt?

---

9 WOLFGANG H. STAEHLE, *Management,* 8. Aufl., überarbeitet von P. Conrad und J. Sydow, München 1999, S. 776ff.

Neuberger: „Der Mensch ist Mittel. Punkt."[10] Um die geistigen Leistungen der Mitarbeiter abschöpfen zu können, muss man so etwas wie „Freiheit" gewähren. Die verkommt aber in diesem Zusammenhang leicht zu einem Motivationstrick, mit dem nur die zunehmende Unfreiheit verbrämt wird. Gewährt wird z. B. Wahlfreiheit zwischen vorgegebenen Alternativen minderer Relevanz. Umso engere Gefolgschaft wird in der Generallinie erwartet. Auch in liberal erscheinenden Unternehmen gibt es Grundsätze, die nicht zur Diskussion stehen. Natürlich finden sich keine ausdrücklichen „Verbote". Der intelligente Mitarbeiter weiß selbst, was von ihm erwartet wird. Beim weniger intelligenten entsteht die „Einsicht" durch Gruppendruck. – Natürlich kann auch jeder denken, was er will. Persönliche Überzeugungen kann man nicht erzwingen. Aber man kann sie manipulieren. Und das scheint, in der Darstellung Neubergers, ein wichtiges Ziel von „Personalentwicklung" zu sein. Auch die Human-Relations-Bewegung wird letztlich in diesem Sinne eingesetzt. Sie verbrämt die mentale Gefolgschaft mit emotionaler Zufriedenheit.

Auf diese Weise entsteht allmählich eine „ganzheitliche" Vereinnahmung von Leib, Seele, Geist und Ich des arbeitenden Menschen. Sie bleibt nicht ohne Folgen. Die unaufgelösten Widersprüche zwischen Effizienz im Sinne des Taylorismus und seelischem Einbezug, zwischen Eigenverantwortlichkeit und mentaler Gefolgschaft wirken sich inzwischen lebensmäßig aus. Enorm angewachsen ist in den letzten Jahrzehnten das Gefühl der Fremdbestimmung und Entmündigung. Man fühlt sich ausgebrannt und antwortet mit innerer Kündigung. Das Leben wird zunehmend als sinnleer empfunden, Depressionen haben sich weit verbreitet.[11] Was bleibt da dem Einzelnen übrig, als sich anzupassen? Immer stromlinienförmiger wird die angestrebte Effizienz, immer lauter der ideologische Eifer („Unternehmensphilosophie" bzw. „Leitbild"), immer angestrengter die Verbrämung des Ehrgeizes einerseits, der Unzufriedenheit andererseits. Die

---

10 OSWALD NEUBERGER, *Personalentwicklung*, Stuttgart 1994^2, S. 9
11 FRITHJOF BERGMANN, *Neue Arbeit, Neue Kultur,* Freiamt 2004; ALAIN EHRENBERG, *Das erschöpfte Selbst*, Frankfurt 2008

Unternehmen und Organisationen (keineswegs nur in der Wirtschaft) lassen ihre Untergebenen an ihren Segnungen und Erfolgen partizipieren und sperren sie damit unmerklich aber hochwirksam in den Käfig genehmer Verhaltensmuster. Was beim Unternehmen die Umsatzsteigerung ist, ist für den Einzelnen die Beförderung mit ihrem Zuwachs an Einkommen und Ansehen. Jeder erreichte Erfolg lässt jedoch einen noch größeren erhoffen – jede Vergrößerung des Dienstwagens führt vor Augen, dass es *noch* größere, stärkere und raffinierter ausgestattete Fahrzeuge gibt. Und dass es Leute gibt, die sie bereits besitzen.

Dabei kann es nicht darum gehen, die „Errungenschaften" der Führung in den vergangenen Jahrzehnten einfach rückgängig machen zu wollen, wenn heute ihre problematischen Seiten immer mehr hervortreten. Sondern es stellt sich die Frage, wie in dem Bereich, den man bisher „Führung" nannte, ein Element der individuellen Freiheit vorherrschend werden kann.

Prekarisierung

Dabei betrifft das Beschriebene nur die eine, man möchte sagen: die glücklichere Seite der Entwicklung. Parallel dazu gibt es noch die andere, für die schon vor Jahrzehnten HANNAH ARENDT ein Stichwort geliefert hat: das „Ende der Arbeit".[12] Die vollzeitliche und lebenslängliche Erwerbsarbeit wird zu einem Auslaufmodell. Immer mehr Beschäftigungen sind befristet, „geringfügig" oder ohne ausreichende Entlohnung („Aufstocker"). Die sozialstaatlichen Errungenschaften werden schrittweise zurückgefahren – unter hohem Verwaltungsaufwand und bei steigenden Beiträgen (z. B. die Leistungen der Krankenversicherung, Arbeitslosenversicherung und Rentenversicherung). Die inzwischen als unumkehrbar geltende Massenarbeitslosigkeit gehört zum Normalfall der gesellschaftlichen Verhältnisse.[13] Die Grenze von Arbeit und

---

12 HANNAH ARENDT, *Vita activa oder Vom tätigen Leben*, München 1958
13 MANFRED FÜLLSACK, a.a.O., S. 99ff.; ANDRÉ GORZ, *Kritik der ökonomischen Vernunft. Sinnfragen am Ende der Arbeitsgesellschaft*, Hamburg 1989; ANDRÉ GORZ, *Arbeit zwischen Misere und Utopie*, Frankfurt

Nicht-Arbeit verschwimmt („Generation Praktikum"). Obwohl eine solche Entwicklung seit der Wirtschaftskrise 1973 absehbar war, reagiert die Politik darauf bis heute überwiegend hilflos. Man geht – gegen besseres Wissen – weiterhin vom Modell einer „Vollbeschäftigung" als Normalzustand aus und bastelt für den Sonderfall „Arbeitslosigkeit" an Hilfskonstruktionen, deren Wirksamkeit im umgekehrten Verhältnis zu ihren Kosten steht und die teilweise der Menschenwürde massiv Abbruch tun (z. B. „Hartz IV"). An die Stelle von „Leistung" und ihre Entlohnung tritt nun „Berechtigung". Man sieht sich mit „Beratern" der Arbeitsagenturen, in Wirklichkeit aber Herrschern über das eigene Schicksal konfrontiert. Ein großer Teil ihrer Macht besteht darin, dass nur sie und ihre Oberen die Fülle und Komplexität der Vorschriften kennen können, unter denen sich Arbeitslose zu bewegen haben. Die komplizierte Verwaltung von Arbeitslosigkeit dient – so scheint es – nicht in erster Linie deren Beseitigung. Vorschriften sind immer allgemein gehalten. Und so wird das so genannte „Individuum" zum Kreuzungspunkt von lauter Allgemeinheiten, deren Stärke gerade darin liegt, auf konkrete Situationen nicht zu passen. – Da die Hilfssysteme für Arbeitslose finanziell von Zahlungen aus den Beschäftigungsverhältnissen leben (Beiträge zur Sozialversicherung), nehmen die verfügbaren Mittel genau dann ab, wenn man mehr davon bräuchte, weil die Zahl der Arbeitslosen steigt. Das von Bismarck eingerichtete Versicherungssystem ist nicht für eine Situation struktureller Arbeitslosigkeit geschaffen und hat in der Praxis längst versagt (Transferzahlungen aus Steuergeldern in die Rentenkasse usw.). Unverständlicherweise wird es unbeirrt beibehalten. Niemand würde doch, wenn an einer feuchten Wand die Farbe blättert, immer wieder mit Inbrunst neu streichen, ohne vorher die Wand saniert zu haben. So bedarf es auch im Hinblick auf die gesamte Arbeitswelt eines

2000; JEREMY RIFKIN, *Das Ende der Arbeit und ihre Zukunft,* Frankfurt (1995) 2004; ULRICH BECK, *Schöne neue Arbeitswelt,* Frankfurt 2007; ULRICH BECK (Hrsg.), *Generation Global. Ein Crashkurs,* Frankfurt 2007; OSKAR NEGT, „Lernen in einer Welt gesellschaftlicher Umbrüche", in: H. Dieckmann, B. Schachtsieck (Hrsg.), *Lernkonzepte im Wandel,* Stuttgart 1998, S. 21

grundlegend neuen Zugriffs statt zunehmend ineffektiver Flickschusterei. Dass für das Gesundheitssystem dasselbe gilt, wird heute von niemandem ernsthaft bestritten (außer von dem jeweils dafür verantwortlichen Minister).

Die seelischen Folgen der Arbeitslosigkeit treffen dabei auch diejenigen, die noch in einem Beschäftigungsverhältnis stehen, wenn sie permanent durch Arbeitslosigkeit bedroht sind. Diese wird dadurch zu einem hochwirksamen Disziplinierungsinstrument für die Arbeitenden.[14] Und nicht zuletzt gerät auch das gesamte Wirtschaftsgefüge aus den Gleisen. Massen-Arbeitslosigkeit verträgt sich nicht mit dem Massen-Konsum als intendiertem Treibmittel der Weltwirtschaft.

> *„Die konkreten Beziehungen zwischen den Menschen haben ihren unmittelbaren und humanen Charakter verloren. Statt dessen manipuliert man einander und behandelt sich gegenseitig als Mittel zum Zweck. In allen persönlichen und gesellschaftlichen Beziehungen gelten die Gesetze des Marktes. Es liegt auf der Hand, daß die Menschen einander gleichgültig sein müssen, wenn sie Konkurrenten sind. Andernfalls können sie ihre wirtschaftliche Aufgabe nicht erfüllen, sich gegenseitig zu bekämpfen, und notfalls auch nicht davor zurückzuschrecken, sich gegenseitig wirtschaftlich zugrunde zu richten."*

> *„Arbeitgeber und Arbeitnehmer benutzen sich gegenseitig zur Erreichung ihrer wirtschaftlichen Interessen: sie sind sich in ihrer Beziehung beide Mittel zum Zweck. Es handelt sich nicht um eine Beziehung zwischen zwei menschlichen Wesen, die ein Interesse aneinander haben, abgesehen davon, daß sie sich gegenseitig von Nutzen sind. (...) Es ist, als ob es sich nicht um Beziehungen zwischen Menschen, sondern um solche zwischen Dingen handelte."*

Erich Fromm[15]

14 vgl. MARKUS DETTMER, SEBASTIAN KRETZ u. a., „Ära der Unsicherheit", in: *Der Spiegel,* Nr. 12, 22.3.2010, S. 82-94. Ein Vorspiel dazu gab es schon einmal in den 1920er Jahren, siehe KARL-MARTIN DIETZ, *Die Suche nach Wirklichkeit*, Stuttgart 1988, S. 9-28

15 ERICH FROMM, *Authentisch leben,* Freiburg 2006, S. 84

Die eingetretenen Verhältnisse erfordern nicht nur für die „Arbeitslosen", sondern für die Arbeitswelt insgesamt einen Paradigmenwechsel. Auch hier wird der Ansatz bei einem neuen Verständnis von „Bildung" zu suchen sein. Sonst kommt man aus fremdbestimmten Systemen nicht heraus.

Grundeinkommen – ein Anstoß zur geistigen Produktivität

Diese Herausforderung wird aufgenommen durch die Idee eines „bedingungslosen Grundeinkommens", das jedem Menschen unabhängig von eventueller Bedürftigkeit in einer für bescheidene Lebensführung ausreichenden Höhe zukommt. Diese Idee wird seit langem bewegt[16] und findet seit 2005 durch den Einsatz von GÖTZ W. WERNER[17] eine weite Resonanz. Aus der aktuellen Diskussion um das Grundeinkommen lassen sich einige interessante Aspekte gewinnen.

Der Tübinger Philosoph OTFRIED HÖFFE wendet sich entschieden gegen das von ihm (seltsamerweise) als „Bürgerlohn" bezeichnete Grundeinkommen.[18] Erwerbsarbeit ist für Höffe aus individuell-psychischen Gesichtspunkten („Selbstachtung und Achtung der Anderen") ebenso wie unter sozialpsychologischen Aspekten („soziale Kontrolle") wünschenswert. Ist Erwerbsarbeit also vor allem ein Herrschaftsmittel? Man fühlt sich in feudale Verhältnisse zurückversetzt. Warum nur Erwerbsarbeit „Chancen zu emotionaler, sozialer und intellektueller ... Selbstverwirklichung" gewähren soll, bleibt unerfindlich. Zumal gerade der im Sinne Höffes noch funktionierende Teil der Arbeitswelt, wie erwähnt, erheblich zur seelischen Instabilität beiträgt.

---

16 Ein kurzer Abriss der Vorgeschichte findet sich bei ANGELIKA DIETZ, *Die Idee des bedingungslosen Grundeinkommens und ihre möglichen Auswirkungen auf Bildung und Kultur – eine Perspektivstudie*, Heidelberg 2009: www.hardenberginstitut.de, Menüpunkt: Service – Download – Publikationen

17 GÖTZ W. WERNER, *Einkommen für alle. Der dm-Chef über die Machbarkeit des bedingungslosen Grundeinkommens*, Köln 2007

18 OTFRIED HÖFFE, *Wirtschaftsbürger, Staatsbürger, Weltbürger – Politische Ethik im Zeitalter der Globalisierung*, München 2004, und: „Das Unrecht des Bürgerlohns", in *FAZ* vom 22.12.2007

Von RALF DAHRENDORF wurde dieses Problem schon 1983 gesehen. Für ihn macht es gesellschaftlich wenig Sinn, „das Einkommen des Einzelnen, einschließlich der Sozialleistungen, von Berufsarbeit abhängig zu machen". Er tritt ein für eine „Tätigkeitsethik", eine „Ethik autonomen Tuns in freier Koope-ration" und fordert, in der Arbeitswelt „alles heteronome Tun von Menschen in autonomes Tun zu verwandeln" und damit die fremdbestimmte „Arbeitsgesellschaft" in eine auf individu-eller Autonomie beruhende „Tätigkeitsgesellschaft" umzu-wandeln. „Vor allem aber ist eines nötig, das ist das Hineintrei-ben der Tätigkeit in die Welt der Arbeit."[19] Die Selbstentfrem-dung, die in der traditionellen Erwerbsarbeit immer weiter um sich greift, behindert die gesellschaftliche ebenso wie die indi-viduelle Entwicklung. „Tätigkeit" im Sinne Dahrendorfs zu er-möglichen und anzuregen, ist der wesentliche Effekt eines be-dingungslosen Grundeinkommens: Arbeiten aufgrund von Selbstorientierung statt unter Fremdbestimmung. Damit kommt der Faktor „Freiheit" in die Arbeitswelt und verändert sie von Grund auf. Dies kann (oder will) Höffe offenbar nicht sehen.

Auch ULRICH BECK hält die Massenarbeitslosigkeit als sol-che nicht für eine Katastrophe: „Das Problem ist nicht Ar-beitslosigkeit, sondern Geldlosigkeit: die Koppelung von Ar-beit und Einkommen." Daher tritt auch Beck für ein Grund-einkommen ein. „Das Grundeinkommen soll uns vom Arbeits-*zwang* befreien, aber ganz und gar nicht von sinnvoller Arbeit. … Bisher ehrenamtlich geleistete Arbeit muss aus der Häkel-ecke herausgeholt werden, sollte gesellschaftlich anerkannt und ökonomisch ausgezeichnet werden. Öffentliche Arbeit als Ergänzung der Erwerbsarbeit verstanden, nicht als deren Er-satz. Diese notwendige Neudefinition des Arbeitsbegriffs ist so wichtig, weil sich Arbeit und Nicht-Arbeit sowieso lebenspha-senspezifisch abwechseln …"[20] Ein Grundeinkommen ver-stärkt, so Beck, Selbstverwirklichung, Lebenssinn und Eigen-ständigkeit des Menschen – also genau diejenigen Qualitäten, die Höffe durch das Grundeinkommen gefährdet sieht.

---

19 RALF DAHRENDORF, *Die Chancen der Krise. Über die Zukunft des Libe-ralismus*, Stuttgart 1983, S. 88ff.

20 ULRICH BECK, *Schöne neue Arbeitswelt*, Frankfurt 2007, S. 15-18

Der Karlsruher Philosoph HANS LENK fügt noch einen weiteren Aspekt hinzu: „Daher brauchen wir ein humanisiertes Leistungsprinzip: frei gewählte Eigenleistung und Eigenhandeln können als ein menschliches Recht, ja sogar als ein Menschenrecht angesehen werden. Der Mensch lebt nicht vom Brot allein. Er lebt ebenso vom echten Eigenhandeln und Eigenleistung. Nur dadurch kann der Mensch produktiv und kreativ sein. Das schöpferische Wesen ist das leistende Wesen." Und weiter: „Eigenleistung und selbstmotiviertes Handeln scheinen ein Fundamentalwert menschlichen Lebens zu sein, ein Ausdruck von Freiheit, Selbsthingabe, Selbstbestätigung. Eigenmotivation sollte Vorrang vor zwangsorientierter Leistung haben. Alle Zwangs- und Fremdmotivationen sollten Schritt für Schritt abgebaut werden und tendenziell einer freien Leistungsorientierung Platz machen. Die Persönlichkeit differenziert und entwickelt sich durch selbstmotivierte Leistung."[21] – Während Höffe ein nicht aus Erwerbsarbeit generiertes Einkommen zur „Ungerechtigkeit" herabzuwürdigen sucht, kann es umgekehrt auch als Menschenrecht reklamiert werden (Lenk).

Um in der Diskussion um das Grundeinkommen weiter zu kommen, muss noch etwas beachtet werden, was oftmals übersehen wird. So, wie das bedingungslose Grundeinkommen heute vertreten wird, handelt es sich erklärtermaßen um eine „Idee". Diese wird aber oftmals mit einer „Theorie" oder einer „Maßnahme" verwechselt und entsprechend diskutiert. Damit aber wird man der „Idee" nicht gerecht. Diese ist vielmehr zugleich Anstoß für Bewusstseinsprozesse mannigfaltiger Art. Das Ergebnis dieser Prozesse mag dann am Ende durchaus auf „1000 Euro für jeden"[22] hinauslaufen, aber außerdem regt der Umgang mit der „Idee" noch vieles andere an, das zu einem Paradigmenwechsel gehört, zum Beispiel

- eine grundsätzliche Reflexion der gegenwärtigen gesellschaftlichen Situation und der Arbeitsgesellschaft. Ist „Arbeit"

---

21 HANS LENK, *Von der Arbeits- zur Selbstbildungs- und Eigenleistungsgesellschaft. Aspekte und Thesen zum Wandel des Arbeitsbegriffs,* Karlsruhe 2008, S. 62
22 So der Buchtitel von GÖTZ WERNER und ADRIENNE GÖHLER, Berlin 2010

ausschließlich als Erwerbsarbeit zu verstehen? Welches sind ihre psychischen Folgen für Beschäftigte ebenso wie für Arbeitslose? Was sind die prospektiven Konsequenzen für die Arbeitsgesellschaft: Was ändert sich *insgesamt* am Charakter der Arbeit und der Lebensführung?

- Ideenbildung für eine „Tätigkeitsgesellschaft" von morgen. Wie kann sie aussehen? Wie kann Sinn und Gesamtzusammenhang wieder in die einzelnen Arbeitsschritte einfließen?

- Reflexion über mich (den Einzelnen) selbst, meine Stellung in der gegenwärtigen Gesellschaft, die Grenzen meines Bewusstseins und die Chancen zu dessen Erweiterung. Diese Reflexion kann sinnvollerweise auch ohne die Idee des Grundeinkommens geleistet werden. Durch diese aber wird sie unabwendbar herausgefordert.

- Arbeit an der Erweiterung der eigenen Grenzen des Denkens und Handelns. Dabei entsteht u. a. die Frage nach geistigen Impulsen.

- Durch dies alles wandelt sich allmählich das Umweltgestützte „Ich" zu einem selbst-tragenden und es entsteht ein neues Verständnis von „Freiheit": nicht als „Freiraum" oder Beliebigkeit, sondern als „gestaltete Freiheit" (s. u. „Autonomie").

- Ein neues Verhältnis von Ich und Welt im geistesgeschichtlichen Horizont: Integration statt Subjekt-Objekt-Spaltung mit deren lebenspraktischen Konsequenzen.

Entscheidend bei diesem Prozess ist von Anfang an, dass „die Verhältnisse" zwar Anstoß zur Bewusstseinsbildung geben, dass diese aber von jedem Einzelnen auf eine von ihm selbst zu verantwortende Weise betrieben werden muss. Generelle Vorgaben oder Leitlinien der Ideenbildung kann es hier nicht geben. Die Idee des Grundeinkommens fordert deshalb zu einem in jeder Hinsicht autonomen Denken heraus. Sie liefert vor allem anderen einen Anstoß zur individuellen geistigen Produktivität, die an den Systemgrenzen der gegebenen Verhältnisse nicht Halt macht. Was sich daraus an einzelnen

Maßnahmen ergibt, zeigt sich erst danach. Kausalanalytische Vorabdiskussionen der Einzelheiten würden dies jedenfalls eher behindern.

Auszugehen von einer „Idee" (statt Theorie oder Modell) bedeutet also:

- Man widersteht der Versuchung, ständig „konkrete Beispiele" auszudenken, statt sich im Grundsätzlichen der Aufgabe zu bewegen.

- Lehrsätzen oder Denkmodellen kann man sich unterwerfen, Ideen aber muss man sich zu eigen machen, damit sie wirksam werden.

- Welche Maßnahmen am Ende ergriffen werden, ist nicht vorab festzulegen. Es ergibt sich im Laufe des Prozesses und ist auch davon abhängig, *wer* die Ideen fasst und welche Tatkraft er einbringt. Das schützt, nebenbei, vor Ideologisierung, die immer dann droht, wenn „Ideen" nicht mehr bewegt, sondern als abgeschlossen, allgemein gültig und verbindlich behandelt werden.

Die Idee des bedingungslosen Grundeinkommens fordert und fördert individuelle Autonomie und stellt somit zugleich spezifische Anforderungen an eine Bildung der Zukunft. Beides wird im Folgenden etwas näher beleuchtet.

> *„Wenn Intelligenz und Phantasie ... zur Hauptproduktivkraft werden, hört die Arbeitszeit auf, das Maß der Arbeit zu sein. ...*
>
> *Was hält uns davon ab, anzunehmen, daß nicht die Bürgerarbeit die Bedingung für den Bezug eines Bürgereinkommens sei, sondern im Grunde gerade umgekehrt, Bürgergeld die Bedingung für das freiwillige, eigenständige Engagement in selbstgewählten Aktivitäten? ...*
>
> *Kann es überhaupt Freiwilligkeit geben, wenn man zum Überleben keine andere Wahl hat als sich „freiwillig" für Bürgerarbeit zu melden? Unterscheidet sich für diejenigen, die mittel- und aussichtslos*

dastehen, Bürgerarbeit wirklich von erzwungener, unfreiwilliger Lohnarbeit und Bürgergeld von Lohn? Und wenn schließlich der Zweck von Bürgerarbeit „sozial gemeinnützig" sein soll, werden nicht von Anfang an die sinnschöpfenden Aktivitäten ausgeschieden, die – wie etwa erzieherische, künstlerische, philosophische etc. – nicht-sozialisierbar und nicht-normalisierbar bleiben müssen?"

André Gorz[23]

Aspekte von Autonomie

Sowohl die vorherrschenden Zustände in der Arbeitswelt selbst als auch ihre Kehrseite, die Massenarbeitslosigkeit, fordern Veränderungen, die über technologische oder organisatorische Art weit hinausgehen. Dass diese Veränderungen mit allgemeinen, zentralen Erscheinungen des Zeitalters konvergieren, macht sie unhintergehbar.

Wie an anderer Stelle berichtet[24], wurde von soziologischer Seite unser Zeitalter als Zeitalter der „Individualisierung" gekennzeichnet. Die hergebrachten und von außen gesetzten Werte schwinden seit rund 50 Jahren rapide. Verbindliche Traditionen verlieren ihre Geltung. Der einzelne Mensch muss seine Orientierung zunehmend in sich selber suchen. Dabei werden mehrere Dimensionen unterschieden. Eine „Freisetzung" (1) von verbindlichen Werten und Normen löst einen Zustand von „Autonomie" (2) aus im Sinne von „gewährter" Autonomie: ich „darf" jetzt selbst entscheiden. Dem folgt eine eigenständige „Neuorientierung" und „Entfaltung von Individualität" (3). So weit die Stichworte zur Bestandsaufnahme. Die Individualisierung hat gravierende Folgen für das seelische Befinden. Die negativen sind sofort bemerkbar: Verunsicherung, Orientierungslosigkeit, ja Entfremdung des Menschen von sich selbst. Wie kann diesen Erscheinungen begegnet werden? – Eine wirkliche „Entfaltung von Indivi-

---

23 ANDRÉ GORZ, *Arbeit zwischen Misere und Utopie* (1997), deutsch: Frankfurt 2000, S. 120, S. 124, S. 125f. (aus dem Französischen von Jadja Wolf)

24 KARL-MARTIN DIETZ, *Jeder Mensch ein Unternehmer*, a.a.O.

dualität" (3) gelingt nur, wenn aus der „gewährten" eine bewusst „ergriffene" Autonomie wird. Wer entscheiden *darf,* der *muss* auch entscheiden! Niemand anderes leistet das für ihn. Dieser Doppelcharakter von „Autonomie" macht aus dem gewährten *Freiraum* (Freiheit wovon?) zugleich eine *Aufgabe* (Freiheit wozu?). Der Freiraum bedarf der Gestaltung, sonst wird er nicht nur verspielt, sondern führt zu einer Überforderung.

Auch wenn die Soziologen, die auf die beunruhigenden Phänomene der Individualisierung hingewiesen haben, sich offenbar längst anderen Themen zuwenden, lohnt es sich, die Konsequenzen noch etwas genauer ins Auge zu fassen. Zunächst fielen problematische Folgen auf: Verunsicherung, Entfremdung, Orientierungslosigkeit, Konfliktpotenziale usw. Aber diese verdecken nur die Chancen, die in der Individualisierung liegen, wenn es gelingt, sie herauszuarbeiten. Die Chancen treten jedoch erst hervor, wenn die Einzelnen sich auf sich selbst besinnen und an ihrer Entwicklung arbeiten. Es genügt nicht, zu „dürfen", ich muss auch „wollen" und „können". Hier sind Selbstführung und Selbstentwicklung gefordert. „Gefordert ist ein aktives Handlungsmodell des Alltags, das das Ich zum Zentrum hat"[25] – so formuliert ULRICH BECK angesichts der gesellschaftlichen Individualisierung. Wie ein solches Handeln aussehen könnte, bei dem das Ich im Zentrum steht, wird auf den folgenden Seiten skizziert. – Im Übrigen beruht die von Skeptikern des Grundeinkommens ins Spiel gebrachte Vermutung, ein Ende der Arbeitspflicht führe unweigerlich zum sozialen Chaos (s. o.), vermutlich auf einer Verwechslung von Freiheit als Aufgabe mit bloßem Freiraum. Kritiker wie Höffe machen implizit geltend, dass sie die Autonomie im Zuge der Individualisierung nicht für wünschenswert halten. Sie übersehen, dass wir uns, ob wir wollen oder nicht, bereits mitten darin befinden. Sie kämpfen gegen Windmühlenflügel.

---

25 ULRICH BECK, *Risikogesellschaft. Auf dem Weg in eine andere Moderne,* Frankfurt 1986, S. 217

Die Dimensionen der Individualisierung könnte man folgendermaßen zusammenfassen:

1. Herauslösung aus vorgegebenen Sozialfaktoren:	Freisetzung	↔ statt	Entwurzelung
Verlust der Einbettung in Gruppen/ Traditionen. Entkollektivierung	*Was darf ich?*		
2. Verlust von traditionellen Sicherheiten:	persönliche Autonomie	↔ statt	individueller Überforderung
Erlebte Unsicherheit	*Befreiung von Vorstellungsgefängnis, emotionalem Gefängnis und vorgeprägten Interessen.*		
	Was kann ich?		
3. Neue Art der sozialen Einbindung:	Entfaltung von Individualität	↔ statt	Entfremdung
Suche nach neuer Orientierung	*Was will ich?*		

Dimensionen der Individualisierung

Ob die Individualisierung im Einzelnen gelingt, ist also abhängig davon, wie die „Autonomie" bewältigt wird: ob aus einer gesellschaftlich „gewährten" Autonomie eine individuell „gestaltete" Autonomie wird. An den Einzelnen stellen sich dabei vor allem zwei Herausforderungen:

1. Um uns aus alten Bindungen, die nicht mehr tragen, zu befreien, müssen wir in der Lage sein, der gewohnten „Meinungskultur" eine Absage zu erteilen, bei der das eigene Urteil sich auf „die anderen" stützt, ohne für den Einzelnen durchschaubar zu sein. Das Zeitalter der „Aufklärung" (18. Jahrhundert) wandte sich vehement gegen den Druck religiöser Offenbarungen und feudaler Verordnungen. Mit gleicher Vehemenz muss man sich heute gegen die Herrschaft gegenwärtiger Bewusstseinsverhältnisse der „öffent-

lichen Meinung" stemmen, die JÜRGEN MITTELSTRASS in seiner „Leonardo-Welt"[26] als „Informationszeitalter" ironisiert: Meinungen, die wie Wissen daherkommen und unser Bewusstsein prägen. Das gilt für die Medienwelt ebenso wie für alle anderen Versuche politischer oder weltanschaulicher Beeinflussung. Eine erste Anforderung an die eigene Urteilsfähigkeit wäre also, überhaupt zu bemerken, dass und wie weit wir einem allgegenwärtigen „Meinungsgestöber" (MARTIN WALSER) ausgesetzt sind.

2. Messe ich das, was um mich herum geschieht, an meinen Erfahrungen, Vorstellungen und Gewohnheiten? Gehe ich also subjekt-orientiert an die Welt heran? Dann messe ich es an Vergangenem, und meine Ansichten sind prinzipiell „von gestern". Zugleich messe ich alles am Maßstab meiner eigenen Befindlichkeit, an meinem Gefallen oder Missfallen, Nutzen oder Schaden (wobei die Beurteilung von *wirklichem* Nutzen und Schaden bereits einen objektiven Blick auf den Sachverhalt voraussetzt!). Die Ausbildung *neuer* Vorstellungen ist in einem solchen Weltbild nicht vorgesehen. Wer solche einbringt, gilt leicht als Ruhestörer. – Darauf beruht so manche Strategie der Selbstverteidigung gegen Offenheit und Dialog: „Ich urteile nicht, ich gebe nur meinen Eindruck wieder; und meine Eindrücke kann mir doch niemand streitig machen!" Und dabei fällt dann eine Beurteilung nach der anderen. Man versucht, sich gegen Kritik dadurch zu immunisieren, dass man sein Recht auf Subjektivität reklamiert. Man zieht sich in eine von keiner Erkenntnis angreifbare Bastion zurück. Die dicksten Kanonen, mit denen man aus dieser Festung auf missliebige Ansichten schießt, heißen „Maßstab: Tradition" („das ist ja unerhört!"), „Unterscheidungslosigkeit" („das ist doch längst bekannt") und „aggressiver Subjektivismus" („das interessiert mich nicht"). Es sind also nichts anderes als die gängigen Killerphrasen.[27]

---

26 JÜRGEN MITTELSTRASS, *Leonardo-Welt. Über Wissenschaft, Forschung und Verantwortung*, Frankfurt 1992
27 Näheres dazu bei KARL-MARTIN DIETZ, *Dialog. Die Kunst der Zusammenarbeit*, 3., erweiterte Auflage, Heidelberg 2010, S. 85-102

„Der souveräne Mensch, der sich selbst ähnlich ist und dessen Kommen Nietzsche verkündete, steht im Begriff, en masse Wirklichkeit zu werden. Es gibt nichts über ihm, das ihm sagen könnte, wer er zu sein hat, denn er gibt vor, nur sich selbst zu gehören. Moralischer Pluralismus statt Konformität gegenüber einer einzigen Norm, die Freiheit, sich seine eigenen Regeln zu schaffen, statt sie sich aufzwingen zu lassen: Die eigene Entwicklung wird kollektiv zu einer persönlichen Angelegenheit, die die Gesellschaft fördern soll. Ein Subjekttyp, der weniger diszipliniert und konform als „psychisch" ist, also aufgefordert, sich selbst zu entschlüsseln, überflutet das Land."

Alain Ehrenberg[28]

Das alles fordert letztlich einen Paradigmenwechsel im Bereich der Bildung. Er wird unterstützt durch zwei unterschiedliche Erscheinungsformen von Autonomie, auf die zunächst zu verweisen ist.

Der Sinn für Zusammenhänglichkeit – Salutogenese

Das salutogenetische Konzept fragt nicht, wie üblich, nach den Faktoren von Krankheit, sondern nach den Ursachen für Gesundheit. AARON ANTONOVSKY[29] entdeckte die dafür maßgebliche Grundhaltung, die er „Sinn für Kohärenz" (sense of coherence) nannte.

Bei der Untersuchung einer Gruppe von älteren Frauen in Israel erwartete er, dass diejenigen, die das Grauen des Konzentrationslagers überlebt hatten, in ihrer Gesundheit stärker beeinträchtigt sein würden als andere. Diese Erwartung wurde im Großen und Ganzen erfüllt. Aber für nicht wenige in dieser Gruppe traf sie überraschenderweise nicht zu. Sie waren trotz des erlebten Grauens bei guter Gesundheit. Diese

---

28 ALAIN EHRENBERG, *Das erschöpfte Selbst*, Frankfurt 2008, S. 155
29 AARON ANTONOVSKY, *Salutogenese. Zur Entmystifizierung der Gesundheit*, San Francisco 1987, deutsche, erweiterte Ausgabe von Alexa Franke, Tübingen 1997, S. 149ff.

Entdeckung faszinierte Antonovsky und veranlasste ihn zu der Fragestellung, welche Faktoren zur Gesundheit beitragen. Damit entstand das Konzept der „Salutogenese".[30] Die zweite Besonderheit von Antonovskys Entdeckung ist also: Im Hinblick auf die Gesundheit kommt es nicht so sehr auf die äußere Lebenslage als auf die innere Einstellung gegenüber der Welt an – und die ist nicht einfach durch äußere Widerfahrnisse bestimmt, sondern hängt vom Einzelnen selbst ab, von seiner inneren Kraft und von der Art des Denkens.

„Sinn für Kohärenz" bedeutet: Ich fühle mich nicht isoliert, sondern mit der Welt und den anderen Menschen in einem Einklang. Dies ist, so Antonovsky, vor allem dann der Fall, wenn die Welt für mich „verstehbar" ist. „Verstehbarkeit" (comprehensibility) ist „eine solide Fähigkeit, die Realität zu beurteilen".[31] Eine zweite Komponente des Sinnes für Kohärenz ist die „Handhabbarkeit" (manageability), „das Ausmaß, in dem man wahrnimmt, dass man geeignete Ressourcen zur Verfügung hat, um den Anforderungen zu begegnen, die von den Stimuli, mit denen man konfrontiert wird, ausgehen."[32] Eine dritte Komponente ist die „Bedeutsamkeit" oder „Sinnhaftigkeit" (meaningfulness) des Geschehens. Und diese ist überall da gefragt, wo es um die *Motive* des Handelns geht – also bei jeder einzelnen Handlung, wenn man sie ernst nimmt. Die Frage nach dem „Sinn" zu stellen, galt lange Zeit als Zeichen einer gewissen Abgehobenheit. Das hat sich geändert. „Sinn" ist heute zu einem allenthalben erlebten Defizit geworden, in der Arbeit ebenso wie in der Arbeitslosigkeit (s. o.), das den seelischen und gesellschaftlichen Mangelerscheinungen der Gegenwart zugrunde liegt.

---

30 Genaueres zur Entstehung des Salutogenese-Gedankens bei BENYAMIN MAOZ, in Schüffel, Brucks, Johnen u. a., *Handbuch der Salutogenese. Konzept und Praxis,* Wiesbaden 1998, S. 13ff.

31 AARON ANTONOVSKY, *Health, Stress, Coping: New Perspectives on Mental and Physical Well-Being,* San Francisco 1979, S. 127

32 AARON ANTONOVSKY, *Salutogenese,* a.a.O., S. 35 – Weiteres zur Salutogenese z. B. bei RÜDIGER LORENZ, *Salutogenese. Grundwissen für Psychologen, Mediziner, Gesundheits- und Pflegewissenschaftler,* Basel 2004

> *„Das SoC [sense of coherence] ist eine globale Orientierung, die ausdrückt, in welchem Ausmaß man ein durchdringendes, andauerndes und dennoch dynamisches Gefühl des Vertrauens hat, dass*
> 1. *die Stimuli, die sich im Verlauf des Lebens aus der inneren und äußeren Umgebung ergeben, strukturiert, vorhersehbar und erklärbar sind;*
> 2. *einem die Ressourcen zur Verfügung stehen, um den Anforderungen, die diese Stimuli stellen, zu begegnen;*
> 3. *diese Anforderungen Herausforderungen sind, die Anstrengung und Engagement lohnen."*
>
> Aaron Antonovsky[33]

Der Sinn für Kohärenz stellt ein inneres Gleichgewicht her. Es kommt darauf an, dass ich mir die vorhandenen Zusammenhänge des Weltgeschehens zum Bewusstsein bringe und sie nicht entweder außer Acht lasse oder mir ohne Rücksicht auf die Tatsachen etwas einbilde, „weil es mir ja dann besser geht". Gerade die zuletzt genannte Haltung (Gefühlspflege ohne Rücksicht auf die Wirklichkeit) ist heute weit verbreitet. Sie führt zu manchen Illusionen, nicht jedoch zur Gesundheit.[34]

Die Grundgedanken der Salutogenese sind nicht nur von Bedeutung für die persönliche Gesundheit, sondern charakterisieren schon seit längerem auch die gesellschaftlichen Verhältnisse. „Das Projekt der Moderne ruht auf den beiden grundlegenden Annahmen von der Verstehbarkeit und der Gestaltbarkeit ... der sozialen Welt."[35] Der SoC erweitert somit das Aufgabenspektrum von „Autonomie". Die dort neu zu gewinnende Orientierung wirkt sich auf das gesamte Leben bis hin zur körperlichen Gesundheit aus. Verstehbarkeit, Handhabbarkeit und Sinnhaftigkeit müssen im Zuge der „Individualisierung" von den Einzelnen geleistet werden. Zur Autonomie gehört auch der Sinn für Zusammenhänglichkeit

---

33 AARON ANTONOVSKY, *Salutogenese*, a.a.O., S. 36

34 „Positives Denken", NLP u. ä. kann diese Züge der Selbsttäuschung tragen; siehe KARL-MARTIN DIETZ, *Dialog*, a.a.O., S. 75ff. Neuerdings auch: BARBARA EHRENREICH, *Smile or Die. Wie die Ideologie des positiven Denkens die Welt verdummt*, München 2010

35 PETER WAGNER, *Soziologie der Moderne – Freiheit und Bewusstsein*, Frankfurt 2004

mit der Welt – nicht als Zugabe oder Ausgleich, sondern als Grundlage. Wer „Eigenes" entwickeln will, muss das „Andere" im Auge behalten. Sonst kann er gar nicht beurteilen, ob das „Eigene" überhaupt „eigen" ist. Und umgekehrt kann es keinen Sinn für Zusammenhänglichkeit geben, wenn ich ihn mir aufdrängen lasse oder sonst wie „daran glaube", die Zusammenhänge aber nicht selbst durchschaue.

> „Die geistige Freiheit des Menschen, die man ihm bis zum letzten Atemzug nicht nehmen kann, läßt ihn auch noch bis zum letzten Atemzug Gelegenheit finden, sein Leben sinnvoll zu gestalten. *Denn nicht nur ein tätiges Leben hat Sinn, indem es dem Menschen die Möglichkeit gibt, in schöpferischer Weise Werte zu verwirklichen; und nicht nur ein genießendes Leben hat Sinn, also ein Leben, das dem Menschen Gelegenheit gibt, im Erlebnis der Schönheit, im Erleben von Kunst oder Natur, sich zu erfüllen; sondern auch noch das Leben behält seinen Sinn, das – wie etwa im Konzentrationslager – kaum eine Chance mehr bietet, schöpferisch oder erlebend Werte zu verwirklichen, vielmehr nur noch eine letzte Möglichkeit zuläßt, das Leben sinnvoll zu gestalten, nämlich eben in der Weise, in der sich der Mensch zu dieser äußerlich erzwungenen Einschränkung seines Daseins einstellt."*
>
> Viktor Frankl[36]

Um all diese Gesichtspunkte lebendig zu halten, bedarf es einer Kultur der Gemeinschaftlichkeit, die entsprechende Anregungen bereit hält.

Dialogische Kultur als Praxis der Autonomie

Autonomie, Zusammengehörigkeit, Zusammenarbeit und das, was man bislang „Führung" nennt, leb- und handhabbar zu machen, ist Aufgabe dessen, was seit mehr als 15 Jahren als „Dialogische Kultur" oder „Dialogische Führung" im Friedrich

---

36 VIKTOR FRANKL, ... *trotzdem Ja zum Leben sagen. Ein Psychologe erlebt das Konzentrationslager* (1947), München 1981, S. 109f.

von Hardenberg Institut für Kulturwissenschaften in Heidelberg entwickelt und auf verschiedenen Praxisfeldern praktiziert wird.[37] Sie sei hier kurz charakterisiert:

Dialogische Kultur will ein Umfeld schaffen, auf dem die Einzelnen aus eigener Einsicht und in eigener Verantwortung handeln. Sie verzichtet darauf, Menschen zu konditionieren. Sie bietet keine Patentrezepte, ist nicht einfach eine Methode, sondern der Versuch, jeweils in konkreten Situationen Wege zu finden zu einer Praxis der gegenseitigen Achtung und des gemeinsamen Handelns im Sinne des Ganzen. Sie muss deshalb für jedes einzelne Unternehmen, für jeden konkreten Arbeitszusammenhang gemeinsam erarbeitet werden.

Der Dialog zeigt sich dabei *auch* als die Art des Miteinander-Umgehens und als die Kommunikationsform, in der sich die Beteiligten gegenseitig helfen, eigene Einsichten und Initiativen zu entwickeln. Mit „Dialog" ist aber hier nicht in erster Linie das Gespräch gemeint. Das „Dialogische" ist umfassender. Der Ausdruck „Dialog" bezeichnet, wörtlich genommen, einen Prozess, durch den der Logos hindurch geht (*dia* griechisch = *durch*). Als „Logos" bezeichnet man seit der frühgriechischen Philosophie die unvergängliche Wirkungskraft, die alle Dinge in der Welt steuert. Gleichzeitig lebt der Logos auch in der Seele des Menschen. Im Unterschied zur Natur draußen ist hier aber seine Wirkung nicht abgeschlossen. Der Logos ist noch am Werk. „Der Seele ist Logos eigen, der sich selbst mehrt" (HERAKLIT, Fragment 115). Logos ist also diejenige Kraft, die sowohl in der Welt wirkt als auch im Menschen dasjenige darstellt, was man heute als „Ich" bezeichnet.[38] Mit „Dialog" ist eine Art des Zusammenwirkens gemeint, in der der Logos als Wirkprinzip der Welt anwesend

---

37 KARL-MARTIN DIETZ, *Dialog. Die Kunst der Zusammenarbeit,* Heidelberg 2010[3]; KARL-MARTIN DIETZ (Hrsg.), *Leben im Dialog. Perspektiven einer neuen Kultur,* Heidelberg 2010[2]; KARL-MARTIN DIETZ/THOMAS KRACHT, *Dialogische Führung. Grundlagen – Praxis, Fallbeispiel: dm-drogerie markt,* Frankfurt 2011[3]; KARL-MARTIN DIETZ, *Dialogische Schulführung an Waldorfschulen. Spiritueller Individualismus als Sozialprinzip,* Heidelberg 2006; KARL-MARTIN DIETZ, *Jeder Mensch ein Unternehmer,* Karlsruhe 2008

38 Näheres bei KARL-MARTIN DIETZ, *Metamorphosen des Geistes,* 3 Bände, Stuttgart 2004[2]

ist und in der sich das Ich jedes einzelnen Menschen aufrecht hält. – Eine Zusammenarbeit in diesem Sinne ist „dialogisch", wenn sie von Mensch zu Mensch, von Ich zu Ich und zugleich direkt auf die Wirklichkeit geht. Dass seit SOKRATES († 399 v. Chr.) Dialog auch eine bestimmte Art des Miteinander-Sprechens bezeichnet, ist ein Spezialfall davon. Auch Sokrates ging es darum, in allen menschlichen Verhältnissen dem Logos Geltung zu verschaffen. Der sokratische Dialog ist charakterisiert durch die Verantwortlichkeit des einzelnen Gesprächspartners für das, was er denkt, durch die Fähigkeit zur Selbstdistanzierung (Ironie) und durch eine Begriffsbildung, die der Wirklichkeit verpflichtet ist. Der Einzelne sucht dann den Logos in der Begegnung mit Anderen. – So ist das Dialogische hier gemeint, und insofern unterscheidet sich der Begriff „Dialog", wie er im vorliegenden Zusammenhang verwendet wird, von demjenigen, der beispielsweise bei MARTIN BUBER oder DAVID BOHM im Mittelpunkt steht.

Es gibt außerdem einen alltagssprachlichen Gebrauch des Ausdrucks „Dialog", dem der hier gemeinte geradezu entgegengesetzt ist. „Dialog" wird gerne gefordert im Sinne einer lässigen „Toleranz", die es nicht erforderlich macht, sich für den anderen Menschen wirklich zu interessieren. Nehme ich den anderen Menschen jedoch ernst, dann muss ich seine Autonomie achten, seinen Willen und seine Fähigkeiten. „Achten" heißt gerade nicht, über offenkundige Unzulänglichkeiten hinwegzusehen, sondern in eine Auseinandersetzung mit ihnen einzutreten. Daraus ergeben sich alle weiteren Fragen im Grunde von selbst: Wie stütze ich den Anderen in seiner Eigenständigkeit (Urteilsfähigkeit, Kreativität, Initiative) und wie ermögliche ich effiziente Zusammenarbeit unter eigenständigen Menschen?

Wie das konkret geschehen kann, lässt sich an Hand von vier dialogischen Prozessen beschreiben. Diese Prozesse gründen sich auf individuelle Aufmerksamkeits- und Gestaltungsbemühung. Sie sind keine Strukturvorgaben oder Verfahrensmuster, die man vorab definieren und dann „einführen" könnte. Die dialogischen Prozesse setzen vielmehr die aktuelle Einsicht und den Willen der Beteiligten voraus. Daher differiert ihre Ausgestaltung situativ.

In unserer Zeit der Individualisierung ist der Einzelne in einem früher nicht gekannten Ausmaß für seine Handlungsweisen verantwortlich. Er kann sich immer weniger auf tragfähige Traditionen stützen und muss sein Leben selbst gestalten. Das erfordert den Willen und die Fähigkeiten zur Selbstführung und stellt neue Anforderungen an die Zusammenarbeit von derartig „individualisierten" Menschen. Beiden Seiten des Problems widmet sich die Dialogische Kultur. Ihre Kernfragen:

1. Die Menschen
   Wie kann die Würde des (einzelnen) Menschen hoch gehalten werden?
   Wie wird der Einzelne von den Anderen in seiner Entwicklung gefördert?

2. Die gegebene Situation
   Wie kommt jeder Einzelne zu seinem Blick auf das Ganze?
   Wie entsteht aus der Eigenständigkeit der Einzelnen das gemeinsame Ganze?

3. Zukunft
   Wie werden möglichst viele Mitarbeiter kreativ?
   Wie fließt die Originalität der Einzelnen in die Zukunft der Zusammenarbeit ein?

4. Handeln
   Wie werden möglichst viele Mitarbeiter initiativ?
   Wie kommt aus der Verantwortlichkeit der Einzelnen gemeinsames Handeln zustande?

Vor dem Hintergrund dieser Fragen stehen bestimmte Anforderungen an Führung und Selbstführung:

1. Dem einzelnen Menschen die Entwicklung im Gesamtgeschehen ermöglichen;

2. den gegebenen Verhältnissen in ihrer Komplexität gewachsen sein;

3. produktive Fähigkeiten anregen und realisieren;

4. die eigenständigen Tätigkeiten der Einzelnen zu einem Ganzen verbinden.

In einer Dialogischen Kultur gilt es deshalb, die entsprechenden Prozesse im einzelnen Menschen ebenso wie im Sozialen anzuregen und auszugestalten:

1. Individuelle Begegnung im Hinblick auf die Menschen.
   Interesse am individuellen Menschen statt Rollenverhalten
   oder Instrumentalisierung des Anderen.

2. Transparenz im Hinblick auf die gegebene Situation.
   Eigenständigkeit des Einzelnen statt Machtwissen oder
   Meinungsdiktat.

3. Beratung und Ideenbildung im Hinblick auf die Zukunft.
   Ursprünglichkeit statt Tradition oder struktureller Vorgaben.

4. Entschlusskraft im Hinblick auf das tatsächliche Handeln.
   Handeln aus Initiative statt Selbstverwirklichungsmentalität
   oder Beauftragung.

Das Individuelle durchdringt in diesen Prozessen mehr und mehr die gemeinschaftlichen Vorgänge und wächst zugleich an ihnen. Wir legen deshalb nicht vorab Anforderungsprofile fest, sondern begeben uns gemeinschaftlich ans Werk und ins Risiko. Wir erfinden nicht im Vorfeld Strukturen, sondern gestalten fortlaufend die konkreten Prozesse der Zusammenarbeit. Daraus können natürlich *nachträglich* strukturelle Elemente beschrieben werden, jedoch deskriptiv und nicht normativ. „Dialogisch" bedeutet in dieser Hinsicht, dass das, was fest zu werden droht, in Fluss bleibt. Daher sprechen wir von den dialogischen *Prozessen*.[39] Dass sie als „gelebte Autonomie" in der Zusammenarbeit verstanden werden können, liegt auf der Hand. Sie lassen die Eigenständigkeit des Einzelnen nicht einfach nur zu, sondern benötigen sie: ohne Eigenständigkeit keine Dialogische Kultur! – Außerdem unterstützen die dialogischen Prozesse die Gesichtspunkte der Salutogenese.[40]

Worin der Paradigmenwechsel besteht, der von der „dialogischen Kultur" ausgeht, kann vielleicht an einem häufig erlebten Fall erläutert werden. Bei Vorträgen oder Seminaren über „Dialogische Unternehmenskultur" wird immer wieder die Erwartung geäußert, „konkrete" Handlungsanweisungen zu erhalten. Diese Erwartung beruht aber auf unzutreffenden

---

39 Eine eingehende Beschreibung der einzelnen Prozesse findet sich bei KARL-MARTIN DIETZ, *Jeder Mensch ein Unternehmer,* a.a.O., S. 53-88

40 Im Einzelnen: KARL-MARTIN DIETZ, *Gesund denken und handeln. Zur geistigen Dimension der Salutogenese,* Heidelberg 2004

Voraussetzungen. Denn die konkreten Verhaltensweisen müssen von den Einzelnen individuell (jeder ist anders) und situativ (unter Berücksichtigung der jeweiligen Gegebenheiten) selbst erarbeitet werden. Zwischen dem (ggf. unbefriedigenden) Ist-Zustand im Unternehmen und einer besseren Zukunft liegt in jedem Fall der verantwortlich handelnde Einzelne mit seinen Fähigkeitspotenzialen. Vorgefertigte Handlungsweisen kann es da nicht geben. Wir wissen es inzwischen auch aus Erfahrung: Noch so gut bestückte „Toolboxen" lösen die Probleme nicht nachhaltig. An ihrer Stelle geschieht in der Dialogischen Unternehmenskultur etwas anderes: Führung sorgt für Orientierung im Ganzen und ermöglicht so, aus Verantwortung für das Ganze individuell zu handeln, Aufgaben in Zielsetzungen zu verwandeln, Prozesse zu steuern usw. Polar dazu fordert Führung im dialogischen Horizont die individuellen Fähigkeiten heraus und führt die Leistungen der Einzelnen zusammen. Führung ist zu einer Anregungs- und Integrationsaufgabe geworden, ist aber keine (noch so intelligente) Verhaltensstereotype mit berechenbarem Ausgang. Zwischen dem, was ich vorfinde, und dem, was ich erreichen will, steht immer der Einzelne als geistig produktives und verantwortliches Individuum. Das kann in einem Zeitalter der „Individualisierung" nicht anders sein. Dialogische Unternehmenskultur versucht, dieser Entwicklung Rechnung zu tragen. Damit aber erhält auch „Bildung" im Unternehmenszusammenhang einen neuen Stellenwert.

Grundzüge einer neuen Bildung

Im Vorigen wurde hervorgehoben, dass scheinbar disparate Phänomenbereiche, nämlich die Führungssituation in Unternehmen, Arbeitslosigkeit, Grundeinkommen, Gesichtspunkte der Salutogenese und Dialogische Kultur auf einen gemeinsamen Punkt hinauslaufen: darauf, dass die Zukunft auf der aktiv ergriffenen und originär gestalteten „Autonomie" des einzelnen Menschen beruht. Damit aber wird diese im Wesentlichen zu einer Sache von „Bildung". Auch die Bildungsdebatte der letzten Jahre läuft immer wieder auf diesen Punkt zu, verharrt aber letztlich in Formalitäten (Prüfungsverfahren etc.). Sie wird das Entscheidende so lange verfehlen, als die Befähigungs-maßnahmen, die als solche Eigenständigkeit fördern könnten, mit obrigkeitlichen Mitteln durchgesetzt werden sollen. So etwas wie „verordnete Autonomie" *kann* es nicht geben. Aber das wird bisher offenbar nur von wenigen eingesehen. Dem im Einzelnen nachzugehen, ist hier nicht der Ort.

Immerhin schien es ein Fortschritt zu sein, als in den 1970er Jahren an die Stelle von inhaltlichen Lernzielen die so genannten „Kompetenzen" traten. Jedoch setzen diese immer schon voraus, was jeder Einzelne erst für sich leisten muss: zu entscheiden, wohin er will und worum es geht. Individuelle Ziele, Orientierungsmarken, Aufgabenstellungen usw. müssen immer schon geklärt sein, wenn ich allgemein formulierte „Kompetenzen" einsetze. Ohne diese Klärung läuft das Denken in Kompetenzen Gefahr, doch nur alten Wein in neue Schläuche zu füllen. So etwa, wenn „unter einer Kernkompetenz die dauerhafte und transferierbare Ursache für den Wettbewerbsvorteil einer Unternehmung verstanden [wird], die auf Ressourcen und Fähigkeiten beruht".[41] Als weiteres Beispiel eine Arbeitsdefinition „Soziale Kompetenz": „Unter sozialer Kompetenz verstehen wir die Verfügbarkeit und Anwendung von kognitiven, emotionalen und motorischen Verhaltensweisen, die in bestimmten sozialen Situationen zu einem langfristig günstigen Verhältnis von positiven und negativen Konsequenzen für den Handelnden führen."[42] – Es geht hier also um „Verhaltensweisen", nicht etwa um innere Haltungen oder Einsichten; es geht um „Verfügbarkeit und Anwendung", nicht um Grundlagenbildung, inneren Zugriff oder Selbstbesinnung; es geht um ein „günstiges" Verhältnis, d. h. letztlich um den Erfolg des eigenen Handelns; es geht um „Konsequenzen für den Handelnden", nicht etwa um die Handlung selbst oder die Auswirkung auf den Adressaten; es geht um „bestimmte soziale Situationen", nicht aber um Gestaltung von Zukunft. Es geht also letztlich um eingeschränkte Blickweisen auf den Menschen als ganzen

---

41 DANIEL FITZEK, *Kompetenzbasiertes Management*, Universität Sankt Gallen 2002, S. 27f.

42 RÜDIGER HINSCH, ULRICH PFINGSTEN, *Gruppentraining sozialer Kompetenzen GSK,* Darmstadt 2002[4], S. 11

(„kognitiv", „emotional", „motorisch"). Also doch wieder eine Art von „ganzheitlicher Vereinnahmung" (s. o.)? Eine Sozialkompetenz der beschriebenen Art dient der ohnehin herrschenden Mechanisierung der sozialen Welt. Sie behandelt den anderen Menschen als Sache (als „Es" im Sinne MARTIN BUBERS) und nicht als einmalige Persönlichkeit („Du"). Ziel der Kompetenzbildung ist jedenfalls ein vordergründiger Handlungserfolg. Man sagt „sozial", meint jedoch nur den eigenen Vorteil. – Vereinzelt gab es schon früh gegenläufige Auffassungen. So machen M. BRATER et al. geltend, Sozialkompetenz müsse die Fähigkeit einschließen „nicht nur einsame Entschlüsse zu fassen, sondern das eigene Handeln mit dem anderer zu vermitteln, also, grundsätzlich formuliert, mit der Tatsache der *Gleichheit der anderen Subjekte* umgehen und diese beim Entwurf des gemeinsamen Handelns berucksichtigen zu konnen. Soziale Kompetenz beruht also zentral auf der Anerkennung des anderen als Ich, als eigenständiges Handlungszentrum, als Quelle subjektiver Eigenschaften, Wünsche, Handlungen."[43] Positionen wie diese konnten sich bisher nicht durchsetzen.

Sollen die Anforderungen der Individualisierung sich auf die Zukunft der Bildung auswirken, dann muss diese noch eine andere Ebene erreichen. Beispielsweise: „'Mündigkeit' heißt heute, individuell fähig sein, hinter der Oberfläche der Dinge deren Wesen erfassen und sich ganz objektiv auf die praktischen Konsequenzen dieser Schau einlassen zu können." Dazu kommt es „nicht in erster Linie auf ein umfangreiches Wissen an als vielmehr auf die Fähigkeit, in jeder Situation deren Strukturen und Möglichkeiten zu erfassen und phantasievoll im Handeln aufzugreifen".[44] Wie also gewinnen wir die Fähigkeiten gegenüber den Anforderungen von morgen, die wir heute im Einzelnen noch gar nicht kennen können? Wie kommen wir dazu, aktiv zu gestalten, statt nur zu reagieren? – Es geht nicht darum, neue Werte an die Stelle der alten zu setzen, sondern darum, dass an die Stelle *norma-*

---

43 MICHAEL BRATER, UTE BÜCHELE, ERHARD FRICKE, GERHARD HERZ, *Künstlerisch handeln*, Stuttgart 1989, S. 159

44 MICHAEL BRATER, „Schule und Ausbildung im Zeichen der Individualisierung", in: ULRICH BECK (Hrsg.), *Kinder der Freiheit*, Frankfurt 1998, S. 155

tiver Wertsetzungen eine *individuelle* Orientierung tritt. „Autonomie" macht eine neue Art von Lernen und Bildung notwendig, einen neuen Schub in der Lern-Kultur: allseitig, anlasslos, selbsttragend (initiativ), individuell (nicht curricular für alle gleich) und originär. Genauer gesagt: die Herausforderungen der „Autonomie" sind in dreifacher Weise zu bewältigen. Einmal im Hinblick auf die Dimension der Freisetzung. Man versucht zu verstehen, was hier eigentlich vorgeht. Wie kommt es zu dem historisch unerhörten Totalverlust der verbindlichen Werte? Wo findet er primär statt? Wo sind beharrende Kräfte wirksam? Wie wird de facto damit umgegangen? – Zweitens im Hinblick auf den Umgang mit sich selbst in einer Situation des inneren Wandels. Wie finde ich in mir selbst die Orientierung und die Kraft zur Lebensgestaltung? Hier geht es um nichts weniger als um einen „Weg nach innen" (NOVALIS). – Und schließlich entsteht im Hinblick auf die (offene) Zukunft im Rahmen der Entfaltung von Individualität die Frage: wo will ich hin? Für welche Perspektiven und Lebensziele entscheide ich mich?

Zusammengefasst:

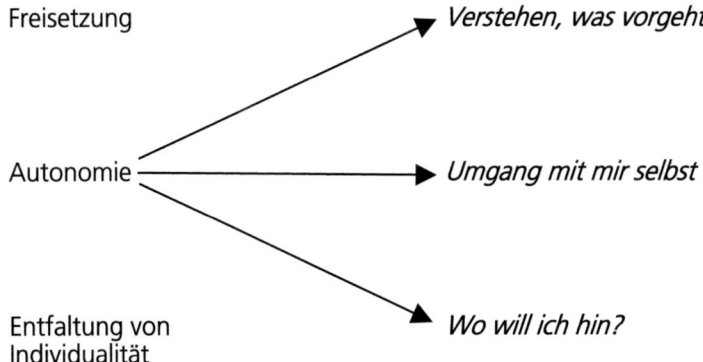

Freisetzung   *Verstehen, was vorgeht*

Autonomie   *Umgang mit mir selbst*

Entfaltung von   *Wo will ich hin?*
Individualität

Aufgaben von Bildung im Horizont der Individualisierung

Dreifach sind also die Anforderungen an „Autonomie" und damit zugleich des Menschen an sich selbst:

1. Die Vorgänge verstehen:
   Nicht passiv mitschwimmen, re-agieren und das Vorgefallene emotional bewerten, sondern: sich den Ereignissen

gegenüberstellen und zu verstehen suchen, was der Fall ist (Phänomene), wie es dazu kam (Ursachen), was sich ändert, was verlorengeht, was neu entsteht (Entwicklungswissen). Praktisch bedeutet dies, Fragestellungen zu generieren, wo bis dahin Thesen und Positionen herrschten, und dadurch neue Horizonte zu öffnen.

2. Autonomie als Zugriff auf sich selbst, der Gewordenes in Frage stellt im Sinne einer Katharsis:

- die alten, u. U. lieb gewordenen Verhältnisse loslassen.

- Handeln ohne vorgängige Sicherheit und Orientierung: Suche nach den eigenen Intentionen.

- Krisengeschehen aushalten und bewusst gestalten: experimentelle Lebensführung.[45]

3. Das Neue kommen lassen: Aufmerksamkeit darauf wenden, was in Erscheinung tritt, wenn ich als willkürlicher „Macher" meiner Lebensführung zurück trete. Neue Wege, neue Ziele, neue Ursprünge bemerken und verstärken: Originalität im Sinne eines ethischen Individualismus.[46]

„Autonomie" wird somit zur Chiffre für eine totale Umorientierung des Menschen und seiner Lebensführung.

Bildung wird dann nicht nur bestimmte handwerkliche oder mentale Qualifikationen fördern und sich darüber hinaus Fähigkeiten zweckrationalen Handelns erschließen („Kompetenzen"). Bildung wird vielmehr grundsätzlich in eine zielsetzend-produktive Sphäre vorzustoßen haben, in der die Quellen menschlichen Handelns zu suchen sind. Lernen kann nicht mehr überwiegend problemorientiert sein, sondern es muss in eine offene Zukunft führen. „Bedarfsorientierte Qualifikationen werden sich zunehmend relativieren" (U. BECK).[47] Schon

---

45 Einzelne Gesichtspunkte dazu: KARL-MARTIN DIETZ, *Jeder Mensch ein Unternehmer,* a.a.O., S. 89-107; ders., *Individualität im Zeitenschicksal,* Stuttgart 1994, S. 55-124

46 RUDOLF STEINER, *Die Philosophie der Freiheit,* GA 4, Dornach 1986

47 ULRICH BECK, „Thesen für eine umfassende Bildungsreform", in: H. Dieckmann, B. Schachtsieck (Hrsg.), *Lernkonzepte im Wandel,* Stuttgart 1998, S. 11

CARL ROGERS benannte Gesichtspunkte für ein sinngetrage-
nes Lernen, das auf individueller Erfahrung beruht.

*„Aber fast jeder Schüler findet, daß große Teile sei-
nes Lehrplans für ihn bedeutungslos sind. So wird
Bildung zu dem nutzlosen Versuch, Material zu lernen, das keine persönliche Bedeutung hat. Lernen
dieser Art betrifft nur den Intellekt. Es ist Lernen, das
‚vom Hals ab aufwärts' stattfindet. Es schließt Gefühl
oder persönliche Bedeutungszusammenhänge nicht
ein; es hat keine Relevanz für den ganzen Menschen.
Im Gegensatz dazu gibt es so etwas wie signifikan-
tes, bedeutungsvolles, auf Erfahrung beruhendes
Lernen. (...)
Lassen Sie mich die Faktoren etwas genauer definieren, die an einem solchen signifikanten oder auf eigener Erfahrung beruhenden Lernen beteiligt sind:*

- Es schließt persönliches Engagement ein – *die
  ganze Person steht sowohl mit ihren Gefühlen
  als auch mit ihren kognitiven Aspekten* im *Lern-
  vorgang.*
- Es ist selbst-initiiert – *sogar dann, wenn der An-
  trieb oder der Reiz von außen herrührt, kommt
  das Gefühl des Entdeckens, des Hinausgreifens,
  Ergreifens und Begreifens von innen.*
- Es durchdringt den ganzen Menschen– *es ändert
  das Verhalten, die Einstellungen, vielleicht sogar
  die Persönlichkeit des Lernenden.*
- Es wird vom Lernenden selbst bewertet – *er
  weiß, ob es sein Bedürfnis trifft, ob es zu dem
  führt, was er wissen will, ob es auf den von ihm
  erlebten dunklen Fleck der Unwissenheit ein
  Licht wirft. Wir könnten sagen, daß der geomet-
  rische Ort des Bewertens zweifelsfrei im Lernenden selbst liegt.*
- Sein wesentliches Merkmal ist Sinn – *wenn der-
  artiges Lernen stattfindet, dann ist in der gesam-
  ten Erfahrung enthalten, daß der Lernende Sinn
  darin sieht."*

Carl Rogers[48]

---

48 CARL ROGERS, *Lernen in Freiheit. Zur inneren Reform von Schule und
Universität* (1969, deutsch: 1974), Frankfurt 1988, S. 12 und 13

Die später in der Salutogenese entwickelten Gesichtspunkte (Erkennbarkeit, Handhabbarkeit, Sinnhaftigkeit) spielen also schon bei Rogers eine bedeutende Rolle. Es geht nicht mehr darum, mit Hilfe von Bildung die Welt kritisch auf Distanz zu halten, vielmehr schließt Erkennen die Frage ein: „Wie werde ich ein aktives Glied im Weltzusammenhang?" „Lernen" im Sinne der beschriebenen „Autonomie" erfordert eine neue Orientierung, für die der sense of coherence Gesichtspunkte liefert:

- Lernen ist keine rein intellektuelle Haltung, sondern entwickelt zugleich einen „Sinn für …".

- Der „Sinn für Zusammenhänglichkeit" als Grundhaltung des Menschen ist das große Thema der Zeit, das all den Aufbrüchen zu „Ganzheit", „Globalisierung" und „Spiritualität" zugrunde liegt, die wir in den vergangenen Jahrzehnten erlebt haben. „Zusammenhänglichkeit" bedeutet, dass es nicht einfach um so genannte „Fakten" geht, sondern auch um Ursachen und Wirkungsweisen. Das erfordert die Ausbildung von Entwicklungswissen in Erweiterung des Faktenwissens.

- Dazu sind die Begründungszusammenhänge des eigenen Denkens und Handelns zu revidieren. Woran orientiere ich mich? Des Weiteren steht die innere Konsequenz des Handelns auf dem Prüfstand. Ist es in sich konsistent oder enthält es Brüche? Steht es in Übereinstimmung mit meinem Denken? Die Frage nach „Zusammenhänglichkeit" der „Welt" setzt Selbstreflexion voraus. Diese führt mich an meine Grenzen. „Die Welt" erschließt sich mir nur in dem Maße, in dem ich mich „mir selbst" erschließe. Bin ich bereit, meinen Blick aus dem eigenen Umkreis (Gewohnheiten, Traditionen, mentale Modelle usw.) zu befreien und die Ereignisse mit einer gewissen Weltläufigkeit ins Auge zu fassen?

- Der in Vergessenheit geratende Zusammenhang von „Ich" und „Welt" rückt wieder energisch in den Vordergrund, statt der üblichen wechselseitigen Annullierung zu verfallen, wenn „Ich" als eine Funktion von Umweltfaktoren gilt und „Welt" als Konstrukt des Subjekts. Da bleibt von beidem nichts übrig. Gleichwohl lässt der „Sinn für Zusammenhänglichkeit" (SoC) offen, *wie* die erforderliche Haltung zu gewinnen ist. Zunächst wurde sie von ANTONOVSKY nur empirisch beobachtet. Bildung hat in der Zukunft für ihre Stabilisierung und Fortentwicklung zu sorgen. Die drei Aspekte des SoC haben jeweils eine Ich-Seite und eine Welt-Seite und sind ohne deren Zusammenhang nicht tragfähig: Wenn ich mich um „Erkennbarkeit" bemühe, gehe ich davon aus, dass es etwas zu erkennen gibt (Wirklichkeit). Sonst hat diese Haltung keinen Sinn und impliziert Selbsttäuschung. Es kommt dabei nicht darauf an, wie viel von dem Erkennbaren schon meiner tatsächlichen Erkenntnis zugänglich ist. Ob sich Wirklichkeit mir immer erschließt, ist zweitrangig. Wenn es sie aber nicht gäbe, hätte „Sinnhaftigkeit" keinen Sinn. – Wer nach der Sinnhaftigkeit der Welt fragt, der weiß, dass Sinn nicht den Dingen überzustülpen, sondern dass er zu entdecken ist. Der Sinn „zeigt sich" im Zusammenhang des Ganzen. – Die Haltung der Handhabbarkeit setzt voraus, dass ich ein Glied der Wirklichkeit bin, und zwar ein solches mit bewusster Handlungsmöglichkeit und tendenziell freiem Entscheidungspotenzial. Wie viel mir davon schon konkret gelingt, ist nicht entscheidend.

Wer „Ich" bzw. „Individualität" oder „Wirklichkeit" komplett in Frage stellt, müsste sich zumindest klar machen, dass er sich in einem performatorischen Selbstwiderspruch befindet. Die Leugnung von Ich und Wirklichkeit wird heute oft mit einer gewissen Emotionalität vorgetragen, die darauf zu beruhen scheint, dass man z. B. die „Annahme von Wirklichkeit" mit der Behauptung verwechselt, man befinde sich bereits in ihrem Besitz. Selbstwidersprüchlich sind die Leugnungen von Ich und Wirklichkeit auch gegenüber den eigenen Erwartungen. Denn wer behauptet, „es gibt keine Wirklichkeit", hält ja diese Annahme für zutreffend – sonst hätte seine Behauptung keinen Sinn. Schließlich stünde die in der Salutogenese entdeckte Widerstandsfähigkeit (Resilienz) gegen widrige äußere Umstände in Frage, wenn „Zusammenhänglichkeit" (coherence) von vorne herein illusionär wäre. Bildung schließlich beruhte unter diesen Prämissen auf einer Anpassung des Verhaltens an gesellschaftliche Verhältnisse – was immer das sei. Irgendein Eigenwert für den Menschen wäre damit jedenfalls nicht verbunden.

Den bisherigen Andeutungen (bei denen es hier bleiben muss) lassen sich Grundzüge einer „neuen Bildung" entnehmen. Während das Bildungsverständnis der letzten Jahrzehnte in der Regel von der Programmierbarkeit und Konditionierbarkeit des Menschen ausgeht und deshalb den „Sinn" vorgeben oder unreflektiert voraussetzen muss, gilt es in der neuen Bildung, sich auf der Sinnebene autonom zu bewegen und von ihr den Ausgangspunkt für alles Weitere zu nehmen. Zusätzlich zum Sachwissen geht es künftig um ein selbst verantwortetes Orientierungswissen, durch das man sein Faktenwissen selbst steuert. Traditionell heißt „Lernen", fertige Vorstellungen oder Methoden zu rezipieren. In Zukunft geht es um ein Entwicklungswissen und um die Fähigkeit, die Prozesse des Wissenserwerbs autonom zu gestalten. Das alte Wissen bedurfte gegebener Rahmenbedingungen, der Beauftragung und der Anweisungen; das neue Wissen führt zu einem Handeln aus mir selbst heraus (Initiative) und setzt sich seinen Rahmen selbst. Aus einem verwaltenden Handeln wird produktives Handeln. Ging man bisher davon aus, dass das Individuum auf geeignete Weise zu sozialisieren sei, so wird künftig eine Individualisierung der Gesellschaft im Vordergrund des Interesses stehen. Gesellschaft ist für die Einzelnen da und besteht aus deren Initiativen. Der Ursprung des Lebens und Handelns liegt nach bisherigem Verständnis in den gesellschaftlichen Verhältnissen. Er wird in Zukunft immer mehr aus den geistig produktiven Individuen hervorgehen. Ziel ist ein autonomes Individuum, das weder der Anpassung noch der Willkür anheim fällt.[49] Mentales Training zur Optimierung von Handlungskompetenz im Horizont betrieblicher Bildung würde da entschieden zu kurz greifen. Indem berufliche Bildung sich „von einem nur zweckorientierten Lernen zu einer auch ‚zwecksetzenden' Bildung" wandelt, stehen die

---

49 Näheres zu diesem Gesichtspunkt s. u. „Wege aus der Anpassung"

überlieferten Bildungskonzepte massiv in Frage.[50] Das wird im Folgenden noch etwas näher betrachtet.

Zunächst einmal eine Zusammenfassung:

Alte Bildung	Neue Bildung
Der programmierbare (angepasste) Mensch	Der autonome Mensch zwischen Anpassung und Willkür
Sinn vorgeben	Sinn selbst entdecken
Sachwissen aus Vorgaben	Orientierungswissen, aus dem das Fachwissen autonom erzeugt werden kann
additiv fertige Vorstellungen, Standpunkte	krisenhaft, integrativ Entwicklungswissen, kreative Unsicherheit
Regelungen, Beauftragungen, Anweisungen	Handeln aus sich selbst heraus (Initiative)
verwaltendes Handeln	produktives Handeln
das Individuum sozialisieren	die Gesellschaft individualisieren
Ursprung des Handelns: die gesellschaftlichen Verhältnisse, Erfahrung	Ursprung des Handelns: das geistig produktive Individuum, Originalität

Es geht also nicht um neue Curricula des „Lernens", sondern um ein neues Paradigma von Bildung. Man muss sich auf „Lernen" einstellen, ohne schon im Voraus zu wissen, was es im Speziellen zu lernen gibt. Dass Anpassung statt Eigeninitia-

---

50 ROLF ARNOLD, „Schlüsselqualifikationen aus berufspädagogischer Sicht", in: Rolf Arnold, Hans-Joachim Müller (Hrsg.), *Kompetenzentwicklung durch Schlüsselqualifikationsförderung*, Baltmannsweiler 2006, S. 27

tive zu den Grundeigenschaften des gegenwärtigen Menschen zu gehören scheint, ist dem herkömmlichen Erziehungswesen und den Traditionen in der Arbeitswelt geschuldet. Der Aufbruch von der alten zur neuen Bildung steht deshalb auch unter dem Signum „Von der Einschüchterung zur Ermutigung". Wie groß sind eigentlich die Chancen zur Entwicklung von Eigenständigkeit? Und wie könnte sie im Einzelnen aussehen? Bildung bleibt jedenfalls nicht nur ein Hilfsmittel, um das Leben „erfolgreicher" zu führen, sondern wird zu einem bedeutenden Teil des Lebens selbst. Sie wird existentiell.

> *„Das ideale Individuum wird nicht mehr an seiner Gefügigkeit gemessen, sondern an seiner Initiative. Hierin liegt eine der entscheidenden Veränderungen unserer Lebensweise ..."*
>
> Alain Ehrenberg[51]

Wege aus der Anpassung

KAI H. MATTHIESEN hat das Menschenbild des Lean Management mit folgenden Sätzen charakterisiert:

> *Der Mensch passt sich allen systemisch gegebenen Bedingungen an.*
>
> *Der Mensch erweist sich im Rahmen dieses Anpassungsverhaltens als lernfähig.*
>
> *Der Mensch lernt und festigt seine Anpassungen im Geflecht sozialer Beziehungen.*
>
> *Der Mensch findet Identität in vorgegebenen Strukturen.*[52]

„Der Mensch passt sich allen systemisch gegebenen Bedingungen an": Was sollte daran zu kritisieren sein? Man muss sich doch anpassen, wenn man irgendwo hinkommt, und sich

---

51 ALAIN EHRENBERG, *Das erschöpfte Selbst*, Frankfurt 2008, S. 192
52 KAI H. MATTHIESEN, *Kritik des Menschenbildes in der Betriebswirtschaftslehre*, Bern/Stuttgart/Wien 1995, S. 150

z. B. fragen: wie wird hier gearbeitet, wie kann ich mich in das Bestehende einbringen, wie kann ich mich einfügen? Aber das bedeutet noch nicht: ich „passe mich *allen* systemisch gegebenen Bedingungen an". Da entsteht doch eher ein leichtes Unbehagen!

Im nächsten Schritt wird es noch deutlicher: „Der Mensch erweist sich im Rahmen dieses Anpassungsverhaltens als lernfähig." Man muss ihm nicht dauernd Befehle erteilen, er weiß, was er zu tun hat; er weiß es im Voraus, kann es sogar voraussehen. Denn er hat es „gelernt", vereigenständigt sozusagen, bis hin zum vorauseilenden Gehorsam. Der Einzelne lernt von sich aus, die geforderten Dinge zu tun, und nachher sieht es so aus, als machte er das aus sich selbst heraus. Aber es ist eigentlich nur ein verstärktes Anpassungsverhalten. „Lernen" wäre dann ein freiwilliges Optimieren der Anpassung an die Erwartungen anderer.

Der dritte Satz: „Der Mensch lernt und festigt seine Anpassungen im Geflecht sozialer Beziehungen." Beim zweiten Satz war er noch allein mit sich. Jetzt aber bemerkt er die Anderen (die Kollegen), die es auch so machen. Das verstärkt sein Anpassungsverhalten ungemein. Nach einiger Zeit findet er es ganz normal, es so zu machen. Da muss meistens gar nicht einmal ein Gruppendruck auftreten, sondern man findet es einfach abwegig, sich anders zu verhalten.

Der vierte Satz: „Der Mensch findet Identität in vorgegebenen Strukturen." Identität zu finden, ist ja wünschenswert, aber „in vorgegebenen Strukturen"? Identität wird heute eigentlich überall gesucht. Es gibt viele Versuche, sie zu erklären. Das liegt daran, dass die Identität des Menschen mit sich selbst im Zuge der „Individualisierung"(s. o.) in Verlust zu geraten droht. Man fällt in der zweiten Hälfte des 20. Jahrhunderts heraus aus allem, was vorher das Leben getragen hat (Werte, Normen, Traditionen, Anschauungsweisen), und muss neue, eigene Orientierungen finden. Man muss selbst einen Zusammenhang suchen mit seiner Umgebung – darin besteht die Suche nach Identität. Es gibt dabei nur einen Pferdefuß. Mit „Identität" ist hier etwas Relatives, Bezügliches gemeint. „Deshalb ist die Identitätsfrage nicht wer bin ich?, sondern wer bin ich im Verhältnis zu den anderen ...?" (GOSSIAUX, zit. n. HEINER KEUPP)[53] Ist also Identität letztlich eine kollektive Identität, der ich mich anschließe? Man spricht da auch von Patchwork-Identität, d. h. ich setze mir meine unverwechselbare Identität selbst zusammen wie einen „Flickenteppich". Hier wird dieses Element aufgenommen, dort ein anderes, hier diese Eigenschaft – und nachher bin ich's. Nur bleibt da immer die Frage, wer denn den Flickenteppich gewoben hat. Der Flickenteppich muss ja einen „Weber" haben. Das wird wenig reflektiert. Dann wird es jedoch schwer, „ein Handlungsmodell des Alltags" zu entwickeln, welches „das Ich zum Zentrum hat"[54].

Die Ausführungen von Matthiesen kennzeichnen m. E. letztlich Karikaturen von positiven Eigenschaften, die im Prinzip heute von vielen gesucht werden. Statt „Anpassung an alle Gegebenheiten" möchte ich mich als Subjekt fühlen, ich gehe auf Distanz zur Welt, zur Umgebung, zu den anderen Menschen. Ich sehe die anderen, die Welt, die Wirklichkeit als „Objekte" an. Ich suche diese Distanz, um mir alles wie von außen anzuschauen und mich nicht gleich beeinflussen zu lassen. Eine Frage nach Anpassung stellt sich da nicht. Ich schaue mir das „Objektive" ruhig an, um mir *ein Urteil zu bilden*. Ich bilde jedoch kein willkürliches Urteil, sondern lasse die Dinge zu mir sprechen.

Das Zweite ist, dass ich mit meinem Versuch des selbständigen Urteils an Grenzen stoße. Es gibt Anforderungen, denen ich (noch) nicht gewachsen bin. Ich müsste bestimmte Fähigkeiten haben, die ich nicht habe. Welche das sind, kann ich mir klarmachen, und damit als nächsten Schritt versuchen, mich weiter zu entwickeln. Lernen ist dann *Selbstentwicklung*, Steigerung der Eigenständigkeit und ein Versuch, mich selbst als werdenden Menschen zu behandeln.

Darauf folgt ein dritter Schritt, der zuvor auf Einbindung in ein Kollektiv hinauslief. Dem wäre entgegenzuhalten: Ich versuche zwar, alles aufmerksam wahrzunehmen, was mir

---

53 HEINER KEUPP, *Identitätskonstruktionen. Das Patchwork der Identitäten in der Spätmoderne*, Reinbek 1999 (2002²), S. 95; vgl. auch ders., *Zugänge zum Subjekt*, Frankfurt 1993 (1998³)
54 ULRICH BECK (1986), s. o.

begegnet; aber ich versuche dabei immer auch, einen unmittelbaren, ursprünglichen Zugriff auf die Dinge zu finden und eine „*Unmittelbarkeit des Denkens*" im Sinne von *Ideenfähigkeit, Geistesgegenwart* und *Ursprünglichkeit* zu erzeugen.

Der vierte Schritt wäre dann, nicht Identität zu suchen in vorgegebenen Strukturen und in diesen aufzugehen; sondern an der Wirklichkeit, in der ich mich bewege (das Unternehmen, die Umgebung, die Umwelt), aktiv zu werden; mich in die „Welt" hineinzubegeben als aktiver Mensch mit dem Ziel, aus mir selbst heraus zu handeln, aus *Initiative*. Dabei versuche ich, das Ganze im Blick zu haben und das Ganze vorwärts zu bringen; indem ich mir klarmache, dass ich zwar ohne das Ganze wenig vermag, aber das Ganze ohne mich auch nicht das Ganze ist. Man könnte hier von „freier Identifizierung" sprechen (Ausdruck von THOMAS KRACHT).

Zusammengefasst:

Subjekt *Urteilsfähigkeit*	statt	Anpassung an alle Gegebenheiten
Lernen *Selbstentwicklung*	statt	„Lernen" als Selbstoptimierung der Anpassung
Unmittelbarkeit des Denkens *Ideenfähigkeit,* *Geistesgegenwart* *Ursprünglichkeit*	statt	soziale Festigung der Anpassung
Verantwortung *Initiative*	statt	Identität in vorgegebenen Strukturen

Stufen von Autonomie

Bei alledem wird eine Umkehrung im Verhältnis zwischen dem Ganzen und mir, dem Einzelnen, deutlich: ich bin nicht ein Rädchen im System, das zu funktionieren hat; sondern das Ganze entsteht dadurch, dass wir, die Einzelnen, selbständig, initiativ, verantwortlich und kreativ kooperieren. Der Einzelne hat beim individuellen Handeln das Ganze im Blick – das Ganze entsteht durch das Handeln der Einzelnen. Es geht also nicht mehr um ein Funktionieren im Rahmen eines vorgegebenen Ganzen, sondern um Kooperation der Einzelnen, durch die ein Ganzes entsteht. Daraus entsteht ein anderes Ganzes; aber auch die Situation des Einzelnen wird eine andere. Der Einzelne übernimmt Verantwortung für das Ganze – nicht nur für seine persönliche Position.

Literaturverzeichnis

AARON ANTONOVSKY, *Health, Stress, Coping: New Perspectives on Mental and Physical Well-Being*, San Francisco 1979

AARON ANTONOVSKY, *Salutogenese. Zur Entmystifizierung der Gesundheit*, San Francisco 1987, deutsche, erweiterte Ausgabe von Alexa Franke, Tübingen 1997

HANNAH ARENDT, *Vita activa oder Vom tätigen Leben*, München 1958

ROLF ARNOLD, „Schlüsselqualifikationen aus berufspädagogischer Sicht", in: Rolf Arnold, Hans-Joachim Müller (Hrsg.), *Kompetenzentwicklung durch Schlüsselqualifikationsförderung*, Baltmannsweiler 2006

ULRICH BECK, *Risikogesellschaft. Auf dem Weg in eine andere Moderne*, Frankfurt 1986

ULRICH BECK, *Schöne neue Arbeitswelt*, Frankfurt 2007

ULRICH BECK, „Thesen für eine umfassende Bildungsreform", in: H. Dieckmann, B. Schachtsieck (Hrsg.), *Lernkonzepte im Wandel*, Stuttgart 1998

ULRICH BECK (Hrsg.), *Generation Global. Ein Crashkurs*, Frankfurt 2007

FRITHJOF BERGMANN, *Neue Arbeit, Neue Kultur,* Freiamt 2004

MICHAEL BRATER, UTE BÜCHELE, ERHARD FRICKE, GERHARD HERZ, *Künstlerisch handeln*, Stuttgart 1989

MICHAEL BRATER, „Schule und Ausbildung im Zeichen der Individualisierung", in: Ulrich Beck (Hrsg.), *Kinder der Freiheit*, Frankfurt 1998

RALF DAHRENDORF, *Die Chancen der Krise. Über die Zukunft des Liberalismus*, Stuttgart 1983

MARKUS DETTMER, SEBASTIAN KRETZ u. a., „Ära der Unsicherheit", in: *Der Spiegel,* Nr. 12, 22.3.2010

ANGELIKA DIETZ, *Die Idee des bedingungslosen Grundeinkommens und ihre möglichen Auswirkungen auf Bildung und Kultur – eine Perspektivstudie*, Heidelberg 2009: www.hardenberginstitut.de, Menüpunkt: Service – Download – Publikationen

KARL-MARTIN DIETZ, *Dialog. Die Kunst der Zusammenarbeit*, 3., erweiterte Auflage, Heidelberg 2010

KARL-MARTIN DIETZ, *Dialogische Schulführung an Waldorfschulen. Spiritueller Individualismus als Sozialprinzip,* Heidelberg 2006

KARL-MARTIN DIETZ, *Die Suche nach Wirklichkeit*, Stuttgart 1988

KARL-MARTIN DIETZ, *Gesund denken und handeln. Zur geistigen Dimension der Salutogenese,* Heidelberg 2004

KARL-MARTIN DIETZ, *Individualität im Zeitenschicksal*, Stuttgart 1994

KARL-MARTIN DIETZ, *Jeder Mensch ein Unternehmer*, Karlsruhe 2008

KARL-MARTIN DIETZ, *Metamorphosen des Geistes*, 3 Bände, Stuttgart 2004[2]

KARL-MARTIN DIETZ/THOMAS KRACHT, *Dialogische Führung. Grundlagen – Praxis, Fallbeispiel: dm-drogerie markt*, Frankfurt 2011[3]

KARL-MARTIN DIETZ (Hrsg.), *Leben im Dialog. Perspektiven einer neuen Kultur,* Heidelberg 2010²

ALAIN EHRENBERG, *Das erschöpfte Selbst,* Frankfurt 2008

BARBARA EHRENREICH, *Smile or Die. Wie die Ideologie des positiven Denkens die Welt verdummt,* München 2010

DANIEL FITZEK, *Kompetenzbasiertes Management,* Universität Sankt Gallen 2002

VIKTOR FRANKL, *... trotzdem Ja zum Leben sagen. Ein Psychologe erlebt das Konzentrationslager* (1947), München 1981

ERICH FROMM, *Authentisch leben,* Freiburg 2006

MANFRED FÜLLSACK, *Arbeit,* Wien 2009

ANDRÉ GORZ, *Arbeit zwischen Misere und Utopie,* Frankfurt 2000

ANDRÉ GORZ, *Kritik der ökonomischen Vernunft. Sinnfragen am Ende der Arbeitsgesellschaft,* Hamburg 1989

GERHARD HESCH, *Das Menschenbild neuer Organisationsformen. Mitarbeiter und Manager in Unternehmen der Zukunft,* Wiesbaden 1997

RÜDIGER HINSCH, ULRICH PFINGSTEN, *Gruppentraining sozialer Kompetenzen GSK,* Darmstadt 2002⁴

OTFRIED HÖFFE, *Wirtschaftsbürger, Staatsbürger, Weltbürger – Politische Ethik im Zeitalter der Globalisierung,* München 2004

OTTFRIED HÖFFE, „Das Unrecht des Bürgerlohns", in *FAZ* vom 22.12.2007

HEINER KEUPP, *Identitätskonstruktionen. Das Patchwork der Identitäten in der Spätmoderne,* Reinbek 1999 (2002²)

HEINER KEUPP, *Zugänge zum Subjekt,* Frankfurt 1993 (1998³)

HANS LENK, *Von der Arbeits- zur Selbstbildungs- und Eigenleistungsgesellschaft. Aspekte und Thesen zum Wandel des Arbeitsbegriffs,* Karlsruhe 2008

RÜDIGER LORENZ, *Salutogenese. Grundwissen für Psychologen, Mediziner, Gesundheits- und Pflegewissenschaftler,* Basel 2004

KAI H. MATTHIESEN, *Kritik des Menschenbildes in der Betriebswirtschaftslehre,* Bern/Stuttgart/Wien 1995

JÜRGEN MITTELSTRASS, *Leonardo-Welt. Über Wissenschaft, Forschung und Verantwortung,* Frankfurt 1992

OSKAR NEGT, „Lernen in einer Welt gesellschaftlicher Umbrüche", in: H. Dieckmann, B. Schachtsieck (Hrsg.), *Lernkonzepte im Wandel,* Stuttgart 1998

OSWALD NEUBERGER, *Führen und führen lassen. Ansätze, Ergebnisse und Kritik der Führungsforschung,* Stuttgart 2002⁶

OSWALD NEUBERGER, *Personalentwicklung,* Stuttgart 1994²

THOMAS J. PETERS, ROBERT H. WATERMAN jr., *Auf der Suche nach Spitzenleistungen* [1982], Landsberg 1983

JEREMY RIFKIN, *Das Ende der Arbeit und ihre Zukunft,* Frankfurt (1995) 2004

CARL ROGERS, *Lernen in Freiheit. Zur inneren Reform von Schule und Universität* (1969, deutsch: 1974), Frankfurt 1988

SCHÜFFEL, BRUCKS, JOHNEN u. a., *Handbuch der Salutogenese. Konzept und Praxis,* Wiesbaden 1998

REINHARD SPRENGER, *Mythos Motivation. Wege aus einer Sackgasse*, Frankfurt 2005

WOLFGANG H. STAEHLE, *Management,* 8. Aufl., überarbeitet von P. Conrad und J. Sydow, München 1999

RUDOLF STEINER, *Die Philosophie der Freiheit* (1894), GA 4, Dornach 1986

FREDERIC W. TAYLOR, *Die Grundsätze wissenschaftlicher Betriebsführung* (1911), Weinheim 1995

PETER WAGNER, *Soziologie der Moderne – Freiheit und Bewusstsein*, Frankfurt 2004

GÖTZ W. WERNER, *Einkommen für alle. Der dm-Chef über die Machbarkeit des bedingungslosen Grundeinkommens*, Köln 2007

GÖTZ W. WERNER, ADRIENNE GÖHLER, *1000 Euro für jeden,* Berlin 2010

WILLIAM H. WHITE jr., *Herr und Opfer der Organisationen*, Düsseldorf 1958

JAMES P. WOMACK, DANIEL JONES, DANIEL ROOS, *Die zweite Revolution in der Autoindustrie. Konsequenzen aus der weltweiten Studie aus dem Massachusetts Institute of Technology*, Frankfurt 1991

ROLF WUNDERER, *Führung und Zusammenarbeit,* München 2003[5]

Der Verfasser

Karl-Martin Dietz, geb. 1945 in Heidelberg. Studium der Klassischen Philologie, Germanistik und Philosophie, daneben auch der Wirtschaftswissenschaften, in Heidelberg, Tübingen und Rom. Promotion mit einer Arbeit über vorsokratische Philosophie. 1974 bis 1980 Lehrtätigkeit an der Universität Heidelberg. 1978 Begründung des Friedrich von Hardenberg Instituts für Kulturwissenschaften in Heidelberg zusammen mit Thomas Kracht (www.hardenberginstitut.de). Vortrags- und Seminartätigkeit u. a. zur „Dialogischen Kultur" in Unternehmen und Organisationen. Von 2003 bis 2009 auch Lehrauftrag an der Universität Karlsruhe zum Thema.
Publikationen: www.hardenberginstitut.de

„Im Zuge der Autonomie muss der Einzelne sich auch die Quellen und die Zielrichtungen seiner Bildung selbst erschließen. Dazu gehören beispielsweise Entwicklungswissen (verstehen, was vorgeht), Umgang mit sich selbst und den anderen Menschen (Selbstführung und Dialogische Kultur) und die Fähigkeit, seine Ziele selbst zu suchen und zu verwirklichen (ethischer Individualismus)."

Karl-Martin Dietz